Hans Stolp
Der kosmische Lebensplan
Der Führung der Seele vertrauen

Hans Stolp

Der kosmische Lebensplan

Der Führung
der Seele vertrauen

Aquamarin Verlag

Deutsche Originalausgabe
3. Auflage 2025
© Aquamarin Verlag GmbH
Voglherd 1 • D-85567 Grafing
www.aquamarin-verlag.de
Kontakt: kontakt@aquamarin-verlag.de

Übersetzung aus dem Holländischen: Andrea Fischer

Umschlaggestaltung: Annette Wagner

Druck: Generál Nyomda, Ungarn

ISBN 978-3-89427-788-8

In Dankbarkeit …

In Dankbarkeit widme ich dieses Buch Dr. Peter Michel, meinem Verleger, für sein Vertrauen in mich, für die Freiheit, die er mir gibt, und für unsere Leidenschaft für esoterisches Wissen, die wir miteinander teilen – nur auf diesem Wege werden wir Dekadenz, Ausgrenzung und Aggression überwinden können.

Inhalt

Teil I

Was macht diese Zeit, in der wir leben, zu einer besonderen Zeit?

Vorwort

Leben in einer besonderen Zeit

Wir leben in einer ganz besonderen Zeit, auch wenn
es nur wenige sind, die das erkennen. Der Himmel öffnet sich
wieder, und Ströme der Gnade regnen auf uns herab.
Schaut hin – und zwar mit Ehrfurcht und Staunen.

Starrt nicht blind in die Dunkelheit, die uns bedroht.
Lasst euch nicht durch all den Kummer und die Ohnmacht auf-
peitschen, die uns die Zeitungen und das Fernsehen
so gern vermitteln, um uns voneinander zu isolieren,
in einer Stimmung,
die von Wut, Verbitterung und einem Gefühl
der Sinnlosigkeit getragen ist.

Bewahrt innerlich Ruhe und genießt die Stille,
so dass ihr mit ganzem Herzen aufnehmen könnt,
was uns aus höheren Ebenen zu verstehen gegeben wird.
Bewahrt dieses Vertrauen, so dass ihr lernt,
hinter das Äußere zu schauen und voller Freude
die Wunder dieser Zeit zu erleben.

Seht all die Menschen, über die im Fernsehen und in der Zeitung niemals gesprochen wird, die jedoch mit geduldiger Liebe ihre Angehörigen oder Freunde betreuen.
Seht all die Menschen, in deren Herzen die Liebe lebt.
Seht die Wunder der Treue, der Zärtlichkeit und der Herzlichkeit –
jeden Tag aufs Neue.

Doch seht auch, wie das Licht aus der geistigen
Welt sich einen Weg auf die Erde bahnt.
Hört, wie viele Menschen davon erzählen – und staunt!
Nahtod-Erfahrungen, Zufälle, die gar keine Zufälle sind,
Verstorbene, die uns spüren und wissen lassen,
dass sie auch jetzt noch mit uns verbunden sind.
Engel, die sich zeigen, und Christus höchstpersönlich,
der in unser Herz Einzug hält und dort wohnen möchte.

Seht, wie sich der Himmel öffnet.
Seht, wie Michael den Schleier lüftet.
Seht, wie er uns die Gabe schenkt, hinter die Dinge zu blicken.
Macht euch dann bewusst, worin eure Mission heute besteht:
Neu zu denken und zu leben.
Entwickelt ein spirituelles Denken
sowie ein spirituelles Leben, das Liebe ist, einfach nur Liebe.
Bleibt ganz bei euch selbst und genießt in Ruhe
und voller Staunen die großen Geheimnisse der heutigen Zeit.

1.
Zunehmende Individualisierung – wie kommt es dazu?

Unsicherheit und Gleichgültigkeit

Je mehr ich erkenne, in welcher Zeit wir leben, desto bewusster wird mir, dass dies eine ganz besondere Zeit ist. Was für eine heikle Aussage: Wer es wagt zu behaupten, dass wir in einer besonderen Zeit leben, läuft Gefahr, postwendend für verrückt erklärt zu werden. In einer Zeit zunehmender Angst vor Terrorismus, vor Jugendlichen, die Lehrer und Mitschüler an Schulen niederschießen, vor den vielen Fremden, die Europa zu überfluten drohen, und vor einem zunehmenden Strom an jungen Menschen, die Zuflucht im Dschihad suchen, scheint es viel logischer, von einer unsicheren und bedrohlichen Zeit, nicht aber von einer besonderen Zeit zu sprechen.

Viele sprechen außerdem auch von einem wachsenden Egoismus in unserem Umgang miteinander. Fahrerflucht nach einem Unfall, bei dem die Verletzten ihrem Schicksal überlassen werden, ist keine Ausnahme mehr. Auch die Abstumpfung nimmt zu: Der Impuls, sich selbst zu *behaupten*, scheint in vielen Fällen zu einer zunehmenden Härte und Gleichgültigkeit in zwischenmenschlichen Beziehungen zu führen. Das alles ist auf eine falsch verstandene Individualisierung und die Tendenz zurückzuführen, unsere Grenzen klarer als früher zu setzen – wehe dem, der es wagt, diese zu übertreten.

Die negativen Kräfte leben auch in unserer eigenen Seele

Doch wohin wird diese Entwicklung vermutlich führen? Der Individualismus ist nicht mehr zu begrenzen, auch wenn wir das vielleicht noch so sehr wünschen würden. Er führt ja nicht nur – und das ist den meisten Menschen inzwischen klar geworden – zu einem verstärkten Egoismus, sondern zugleich auch zu einem langsamen Zerfall des sozialen Zusammenhalts unserer Gesellschaft. Eine Gegenkraft scheint nötig, um diese negative Entwicklung ins Gegenteil zu wenden. Doch woher nehmen wir diese Gegenkraft?[1]

Wer den Mut hat, über die zunehmende Vereinzelung nachzudenken und zu überlegen, wozu das in Zukunft vielleicht führen wird, kommt automatisch zu der Schlussfolgerung, dass in Kürze vielleicht eine Zeit anbricht, in der nur noch wenige gegenseitig voneinander profitieren – Eigeninteressen dagegen immer mehr Vorrang erhalten. Doch in welcher Welt werden wir dann leben?

Seltsamerweise ist es so, dass viele die zunehmende Abgestumpftheit, Gleichgültigkeit und Aggression zwar bei anderen wahrnehmen, nicht jedoch bei sich selbst. Dies führt dazu, dass immer mehr Menschen über den Verfall von Normen und Werten klagen, ohne sich bewusst zu sein, dass auch sie selbst ihren Willen schneller durchsetzen als früher und häufig mehr mit sich selbst beschäftigt sind als auf ihre Mitmenschen ausgerichtet zu sein oder zu versuchen, sich in diese einzufühlen. Wollen wir dieser Entwicklung entgegenwirken, dann werden wir zuerst erkennen müssen, dass die negativen Kräfte, die unsere Zeit beherrschen, auch in unserer eigenen Seele leben. Doch wie wirken wir diesem Geschehen entgegen?

Überlegungen wie diese lassen uns erst recht glauben, dass wir in einer besonderen Zeit leben. Es läge näher, von einer Zeit zu sprechen, die immer bedrohlicher und finsterer wird. Warum wage ich es dennoch, von einer *besonderen* Zeit zu sprechen? Ich hoffe, dies in den folgenden Kapiteln Schritt für Schritt deutlich machen zu können.

Die verschiedenen energetischen Impulse

Jedes Mal, wenn wir zu einer neuen Inkarnation auf die Erde kommen, ist das Leben auf Erden anders als bei der vorangegangenen. Stellen Sie sich einmal den Unterschied zwischen einem Leben im Mittelalter und einem Leben heute vor: Sie erkennen unschwer, wie sehr sich das Leben heute von dem damals unterscheidet. Das bedeutet natürlich auch, dass sich die Lektionen, die wir in diesem Leben zu lernen haben, vollkommen von den Lektionen unterscheiden, die wir in einer mittelalterlichen Inkarnation zu lernen hatten.

Wenn wir erkennen möchten, welche Lektionen wir nun in dieser Zeit – also in dieser Inkarnation – zu lernen haben und welche Mission wir in diesem Leben erfüllen sollen, dann werden wir den Rhythmus der Zeit entschlüsseln müssen. Damit meine ich: Wir werden uns die großen Entwicklungsprozesse des Lebens auf Erden vor Augen führen müssen, damit wir verstehen lernen, warum sich bestimmte Entwicklungen zu einem bestimmten Zeitpunkt ereignen.

Nehmen wir beispielsweise die Sechzigerjahre des letzten Jahrhunderts: Warum haben sich die Menschen zu jener Zeit plötzlich so massenhaft gegen die Obrigkeit aufgelehnt? Warum kam damals plötzlich die 68er-Bewegung auf? Warum wurden Bürgermeister, Professoren oder Richter zum Abdanken gezwungen und Schauspielerinnen und Schauspieler auf der Theaterbühne mit faulen Tomaten beworfen? Warum haben sich viele als Hippies gefühlt – und zwar für den Rest ihres Lebens?

Diese Frage stellt sich uns umso dringlicher, wenn wir erkennen, dass heutzutage ein ganz anderer Zeitgeist herrscht als damals. Wir haben es heute viel stärker mit einem zunehmenden Egoismus zu tun. Die Befreiungsbewegung der Sechzigerjahre, die uns von der sklavischen Autoritätenhörigkeit befreit hat, führte zu mehr Augenmerk für das Individuum: „Wer bin ich und was will ich eigentlich?"

Wenn man beginnt, unter diesem Blickwinkel die Wellenbewegung der Zeit zu betrachten, stellt sich automatisch die Frage: „Was steckt hinter den verschiedenen und oft so unerwartet auftretenden Bewegungen? Wie sind die unterschiedlichen geistigen Impulse zu interpretieren, die diese Bewegungen ganz offensichtlich verursachen? Entstehen sie rein zufällig oder ist dahinter ein großer Plan zu entdecken?" Eine Antwort auf diese Fragen finden wir nur, wenn wir Einblick in die größeren Entwicklungsphasen der Menschheit erhalten.

Eintagsfliegen

Es ist nicht einfach, diese Entwicklungsphasen in einer Ge-
samtschau zu erkennen. Die Erde ist Millionen von Jahren
alt, während unser eigenes Leben nicht einmal einhundert
Jahre währt. Wir geben auf Erden folglich nur ein kurzes
Gastspiel. Man könnte uns Menschen durchaus mit Ein-
tagsfliegen vergleichen, die der Erde kurz einen Besuch ab-
statten und dann wieder verschwinden. Wahrscheinlich ist
dies der Grund dafür, weshalb wir bisher nur wenig Gefühl
für die größeren Zeiträume entwickelt haben, die die Erde
und alles Leben auf ihr durchlaufen. Uns fällt es bereits
schwer genug, lediglich all die Veränderungen, die sich im
beschränkten Zeitraum eines Menschenlebens vollziehen,
zu verstehen. Der tiefere Einblick in die verschiedenen Ent-
wicklungsstufen der Erde – und der Menschheit – wird
uns von Seiten der esoterischen Philosophie gewährt. Sie
hat diese Einsichten schon immer – und viele Jahrhunderte
davon im Geheimen – in den Kreisen von Eingeweihten
in Tempeln, an mystischen Orten und in Pyramiden gehütet. Doch auch in der Bibel werden diese größeren Zeiträume erwähnt, wenn es auch zu jener Zeit noch sehr wenige
Theologen gab, die die Hinweise auf dieses Wissen in der
Bibel verstanden haben.[2]

Doch auch jüdisch-christliche Eingeweihte kannten diese Geheimnisse sehr wohl. Glücklicherweise bleibt dieses Wissen in
der heutigen Zeit nicht mehr geheim, sondern dringt mehr und
mehr nach außen.[3]

Die Tatsache, dass das Jahr 1899 das Ende einer beeindruckenden Abfolge von Epochen eingeläutet hat, die sich über vier
Zeitalter erstreckt hatte, die miteinander 50.000 Jahre umfass-

ten, ist noch immer nicht allgemein bekannt – erst seit kurzem interessieren sich immer mehr Menschen für diese Entwicklung. Wir denken eher in kurzen Zeiträumen und müssen uns anstrengen, um uns mit größeren Entwicklungen zu befassen. Die Folge dieses beschränkten Denkens ist, dass wir es bis jetzt nicht gelernt haben, die heutigen geistigen Entwicklungen, wie etwa die zunehmende Individualisierung, in einem größeren Rahmen zu betrachten.

Eine besondere Zeit

Wenn wir uns auf die Suche nach den großen Entwicklungsprozessen der Menschheit begeben, wird schnell deutlich, dass wir in einer ganz besonderen Zeit leben. Um zweifelsfrei zu dieser Erkenntnis zu kommen, werden wir uns nicht nur dieser Entwicklungsphasen selbst bewusst, sondern müssen auch dazu bereit sein, unseren Zynismus abzulegen und über das hinaus zu blicken, was uns die verschiedenen Medien tagtäglich vorgaukeln. Wir werden bereit sein müssen, hinter den Wahnsinn unseres Alltags zu blicken.

Nur wenn man hinter die Kulissen blickt, nur wenn man jegliche Negativität ablegt und lernt, das Erdenleben mit neuen Augen zu betrachten, wird man unerwartete Antworten auf die vielen Fragen finden, mit welchen jeder Mensch bewusst oder unbewusst lebt. Fragen wie etwa diese: „Was ist meine Lebensaufgabe? Was muss ich eigentlich in diesem Leben lernen?"

Bei diesem Prozess entdecken wir, dass sich in unserer Seele allerhand Antworten zeigen. Auch stellen wir fest, dass wir ganz automatisch über die Mysterien des Lebens ins Staunen geraten. Dabei wird uns immer mehr die Einsicht dämmern, warum wir gerade in der heutigen Zeit auf die Erde gekommen sind und wie unsere Lebensaufgabe aussieht, die wir damit auf uns genommen haben.

2.

Das vergangene Jahrhundert
– eine besondere Epoche

Das Ende einer 50.000-jährigen Entwicklung

Im Jahr 1899 ging eine Ära zu Ende, die sich über 5.000 Jahre erstreckt hatte – das Eiserne Zeitalter oder Kali-Yuga. Diese Epoche hatte im Jahr 3101 v. Chr. begonnen und endete im Jahr 1899 n. Chr. – also an der Schwelle zum 20. Jahrhundert.

Das Eiserne Zeitalter oder Kali-Yuga bildete das letzte von vier aufeinander folgenden Weltzeitaltern:

- *das Goldene Zeitalter oder Satya-Yuga,*
- *das Silberne Zeitalter oder Treta-Yuga,*
- *das Kupferne (oder Bronzene) Zeitalter oder Dvapara-Yuga, und*
- *das Eiserne Zeitalter oder Kali-Yuga.*[4]

Das letzte Zeitalter – das Kali-Yuga – dauerte 5.000 Jahre. Das Zeitalter davor, das Kupferne Zeitalter, dauerte 10.000 Jahre, und damit doppelt so lange. Das Zeitalter davor, das Silberne Zeitalter, dauerte wiederum dreimal so lange – 15.000 Jahre. Das erste

Zeitalter schließlich, das Goldene Zeitalter, dauerte viermal so lange – 20.000 Jahre.[5]

Wenn wir die zurückliegende Entwicklung einmal schematisch darstellen, ergibt sich Folgendes:

- *Das Goldene Zeitalter: 20.000 Jahre*
- *Das Silberne Zeitalter : 15.000 Jahre*
- *Das Kupferne Zeitalter: 10.000 Jahre*
- *Das Eiserne Zeitalter: 5.000 Jahre*

Dieses Schema macht deutlich, dass im Jahr 1899 mit dem Ende des Eisernen Zeitalters oder Kali-Yuga in der Tat eine 50.000-jährige Entwicklung abgeschlossen war. Doch was war der eigentliche Kern der Entwicklung während dieser vier Zeitalter? Und wie geht es nach dem Ende des Kali-Yuga (im Jahr 1899) weiter?

Der Schleier lüftet sich

Im ersten Zeitalter – dem Goldenen Zeitalter – waren alle Menschen noch hellsichtig mit der geistigen Welt verbunden; und zwar in einem Maße, wie wir uns es heute gar nicht mehr vorstellen können. Der Mensch ging gleichsam in der geistigen Welt ein und aus. Dabei hatte er nicht nur Zugang zu der Welt der Engel, sondern auch zur noch höheren Welt der Erzengel. Bei allen Schicksalsschlägen hier auf Erden war er sich ihrer Hilfe und ihrer Führung bewusst gewesen: Sie dachten für ihn, sie regelten alles für ihn. Daher wurde jene Zeit verständlicherweise als das Goldene Zeitalter bezeichnet: Der Mensch wurde von der Liebe, der Wärme und der Weisheit der Engel umhüllt.

Doch weil es die Bestimmung der göttlichen Führung war, dass der Mensch allmählich selbstständig werden, selbst denken und lernen sollte, auf eigenen Beinen zu stehen, wurde ab dem Goldenen Zeitalter der Schleier zwischen der irdischen und der geistigen Welt langsam und ganz allmählich immer dichter. In jedem der vier Zeitalter wurde die ursprüngliche Hellsichtigkeit des Menschen um ein weiteres Viertel vermindert – so lange, bis der Schleier in der letzten Epoche, im Eisernen Zeitalter, ganz dicht wurde und es immer öfter hieß: „Es gibt kein Leben nach dem Tod. Es gibt keine Engel. Gott ist tot."

So war dies in der Zeit, die hinter uns liegt, ebenfalls der Fall. Dabei haben wir gemerkt, dass nicht nur der Schleier – der die geistige von der irdischen Welt abschirmt – verdichtet wurde, sondern auch die Erinnerung an die geistige Welt im Laufe des Kali-Yuga verloren ging.

Dadurch konnte es geschehen, dass in den Sechzigerjahren des letzten Jahrhunderts eine theologische Strömung aufkam, die als „Nihilismus" bezeichnet wurde – eine Strömung, die auf einen Ausspruch des Philosophen Nietzsche zurückging: „Gott ist tot, und wir haben ihn getötet."[6] Übrigens gab es bereits in der Zeit von Jesus Christus – vor 2.000 Jahren, zu Beginn unserer Zeitrechnung – bestimmte Geistliche, die Sadduzäer, die behaupteten, dass das Leben mit dem Tod ende und es kein Leben nach dem Tod gebe. Damals war der Schleier ganz offenkundig schon so dicht, dass diese geistigen Führer in ihrem eigenen Leben keinerlei Verbindung mehr zur geistigen Welt spürten und daher auch nicht mehr an ein Leben nach dem Tod glauben konnten.

Vom Gruppenwesen zum Individuum

In der traditionellen esoterischen Lehre heißt es, dass der Mensch in der heutigen Phase seiner Entwicklung eine besondere Mission zu erfüllen hat: Er soll sein „Ich" entwickeln. Zuerst sein niederes Ich, auch sein „Ego" genannt, und darüber hinaus sein höheres Ich, das auch als unser „Höheres Selbst", „das Ich", „der Geist" oder „der innere Christus" bezeichnet wird. Die gesamte Entwicklung des Menschen auf Erden steht – Leben für Leben – unter diesem Vorzeichen.[7] Vor diesem Hintergrund müssen wir die Geschehnisse betrachten, die ich oben beschrieben habe – also auch die Auflösung des Schleiers.

Der allmähliche Verlust der lebendigen, hellsichtigen Verbindung zur geistigen Welt hatte große Folgen. Zuerst begann der Mensch, sein Denken zu entwickeln. Das musste er nun, da die Engel nicht mehr für ihn und in ihm dachten, zwangsläufig tun. Dadurch fühlte er sich mehr und mehr von den Engeln verlassen. Er spürte nämlich nicht mehr, dass er bei jedem Schritt und Tritt von ihnen geleitet wurde.

Dies alles führte auch dazu, dass er sich – dank seiner zunehmenden Selbstständigkeit – allmählich und nahezu unmerklich (in einem langsam verlaufenden Prozess) von der Gruppe löste, zu der er gehörte: Vom Gruppenwesen wurde er langsam zu einem Individuum. So wurde er selbstständig und lernte, auf eigenen Beinen zu stehen, indem er immer wieder hinfiel und erneut aufstand.

Neue Fähigkeiten werden geboren

Dieser über viele Jahrhunderte andauernde Prozess führte letztendlich zu dem wichtigen Schritt, zu dem der Mensch in der heutigen Zeit angesetzt hat, nämlich dazu, dass er sich von dem befreit, was ihm diverse Autoritätspersonen vorschreiben wollen. Der Mensch beginnt auf das zu lauschen, was sein persönliches Inneres ihm vorgibt. Das hat unter anderem zur Folge, dass Institutionen wie etwa die Kirchen ihren Einfluss auf die Menschen verlieren, weil sie noch aus der alten Zeit stammen, in der geistige Führer, wie etwa Priester und Pfarrer, den Menschen vorgaben, wie und was sie glauben sollten.

Zusammenfassend können wir feststellen, dass die heutige Individualisierung durch eine jahrhundertelange Entwicklung möglich geworden ist, die sich über einen Zeitraum von 50.000 Jahren erstreckt hat, der unserer heutigen Zeit vorausgegangen ist. Einerseits führte diese Entwicklung zum letztendlichen Verlust jeglicher Form von Hellsichtigkeit – und damit auch von Geborgenheit, denn der Mensch fühlte sich im Schoß der Engel geborgen; andererseits schenkte diese Entwicklung dem Menschen seine Selbstständigkeit – und damit auch Freiheit und Individualität.

Eine Beschleunigung der Zeit

Auffällig am obigen Schema der vier Zeitalter ist Folgendes: Wenn wir die vier Zeitalter im Überblick betrachten und schauen, welche Entwicklungen in welchem Zeitraum erfolgt sind, müssen wir feststellen, dass mit Abstand die meisten Entwicklungen in der letzten Epoche, im Eisernen Zeitalter, stattgefunden haben. Das Eiserne Zeitalter war aber das Kürzeste: Es dauerte nur 5.000 Jahre. Daran sieht man, dass sich die Zeit beschleunigt hat. Diese Entwicklung hat sich auch nach 1899 bis in unsere Zeit hinein mit aller Kraft fortgesetzt. Auch jetzt haben viele das Gefühl, dass Kräfte am Werk sind, die dazu führen, dass sich die Zeit beschleunigt. Die Gefahr dieser Entwicklung besteht darin, dass der Mensch kaum mehr Zeit und Ruhe findet, um in aller Achtung und Respekt innezuhalten und über sein persönliches Innenleben und all das nachzudenken, was sich aus seinem eigenen Inneren heraus als wahres Wissen zeigt. Eines ist jedoch wichtig: Da wir die geistige Führung, die von außen kommt (von den Engeln, von unseren geistigen Führern), verloren haben, muss diese Führung immer mehr aus dem eigenen Inneren erfolgen, also aus unserem Wissen und Gewissen. Es erscheint daher sinnvoll, dass wir uns trotz aller Hektik um uns herum immer wieder Zeit nehmen, bewusst innezuhalten und in unser eigenes Inneres hineinzulauschen, welche Botschaften wir von dort bekommen.

Ein besonderes Zeitalter bricht an

Im Jahr 1899 ging das Eiserne Zeitalter zu Ende. Damit endete auch eine Entwicklung, die 50.000 Jahre gedauert hatte. Ab jenem Moment setzte eine ganz neue Entwicklung ein. Welche? Und was ist der Kern dieser neuen Entwicklungen, die ab 1899 – und damit ab dem 20. Jahrhundert – stattgefunden haben? Die Essenz davon ist der Prozess, dass der Schleier zwischen dem Leben auf Erden und der geistigen Welt ganz allmählich durchsichtig wird und sich Schritt für Schritt wieder lichtet.

Das bedeutete und bedeutet, dass die Menschen ab der großen Wende im Jahr 1899 beginnen, von innen heraus wieder eine Verbindung mit der geistigen Welt aufzubauen. Das vollzog sich anfänglich nahezu unmerklich. Doch je weiter diese Entwicklung voranschreitet, desto mehr werden die Menschen sich bewusst, dass der Tod nicht das Ende bedeutet, sondern nur den Übergang in eine höhere Lebensform darstellt. Sie werden sich erneut der Engelwelt bewusst werden. Auch werden immer mehr Menschen mit ihren verstorbenen Lieben Kontakt bekommen. Damit wird der Glaube zur Gewissheit, und genau das ist es, was jeder in dieser Zeit wahrnehmen kann und was immer mehr Menschen sagen: Sie sehen zwar keine Gläubigen mehr, jedoch Wissende – und zwar auf eine ganz eigene Weise, von innen heraus. Von daher haben sie Wissen über das Leben nach dem Tod und die geistige Welt.

Auffällig ist, dass nur noch weniger als die Hälfte der Menschen in den Niederlanden, die sich von einer kirchlichen Institution angezogen fühlen, an das Leben nach dem Tod glaubt. Hingegen liegt der Prozentsatz der Menschen, die keiner kirchlichen Konfession angehören und trotzdem an ein Weiterleben nach dem Tod glauben, inzwischen bereits bei 53%. Daraus lassen sich zwei Dinge ablesen: Die alte Welt der Kirchen mit ihren Antworten, die sie gegeben haben, stirbt immer schneller aus. Zugleich aber entsteht in der Folge eine ganz neue Art und Weise des Denkens und Lebens, die immer mehr Menschen von innen heraus spüren lässt, dass es eine geistige Welt gibt, in welcher Form auch immer.[8]

Leben in einer Phase des Verleugnens

Wenn wir die Entwicklungen betrachten, die ich bislang skizziert habe, können wir folgende Schlussfolgerung ziehen: Vor 1899 war es die Aufgabe des Menschen, sich auf die irdische Welt auszurichten, um selbstständig zu werden, das eigene Denken zu entwickeln und zu lernen, sich auf Erden zu Hause zu fühlen. Doch nach 1899 bekam der Mensch eine neue Aufgabe anvertraut, nämlich die, sich der geistigen Welt auf neue Weise bewusst zu werden und zu lernen, wie er auf Erden leben und gleichzeitig eine lebendige Verbindung zur geistigen Welt entwickeln kann. Viele Menschen leben allerdings noch immer in einer Phase des Verleugnens der geistigen Welt, die vor 1899 nachvollziehbar war, nach 1899 jedoch den Aufgaben, die an uns Menschen herangetragen werden, nicht mehr länger gerecht wird.

Im vorigen, dem 20. Jahrhundert, ist aus diesem Blickwinkel heraus betrachtet ein besonderes Jahrhundert entstanden – das Jahrhundert, in dem die Menschen, die damals lebten, erfahren durften, wie sie auf die unterschiedlichsten Weisen eine neue Verbindung zur geistigen Welt bekamen. Es ist somit auch faszinierend mitanzusehen, wie sich der Schleier in jenem Jahrhundert Stück für Stück lüftete. Wie diese Entwicklung sich genau vollzogen hat, werde ich im folgenden Kapitel aufzeigen.

Kinder und hellsichtige Erfahrungen

Bevor ich das tue, möchte ich jedoch zuerst noch deutlich machen, dass die Verbindung zur geistigen Welt, die wir in der heutigen Zeit allmählich aufzubauen beginnen, überhaupt nicht mit der früheren Hellsichtigkeit zu vergleichen ist. Damals erlebte der Mensch die Verbindung mit der geistigen Welt meist in einer gewissen Trance, gewissermaßen unbewusst. Ein Beispiel für diese alte Hellsichtigkeit sind die Fernsehsendungen über eine beliebte Form der Hypnose. Dabei sehen wir, wie jemand unter Hypnose bestimmte Dinge tut, an die er sich später, wenn er wieder aufgeweckt wird, nicht mehr erinnern kann. Damit ist die Hypnose eine Form der unbewussten Hellsichtigkeit (oder Hellwissenheit), ein Überrest der früheren, alten, unbewussten Hellsichtigkeit. Diese Hellsichtigkeit gehört für immer der Vergangenheit an. Nebenbei bemerkt: Die klassische therapeutische Form der Hypnose kann Menschen auch Hilfe bieten, unter anderem bei unverarbeiteten traumatischen Erlebnissen und Zwangsneurosen.

Jetzt, in der heutigen Zeit, wird der Mensch die neue Verbindung mit der geistigen Welt ganz bewusst – und folglich bei vollem Bewusstsein und sicherlich nicht in Trance – erleben. Außerdem wird der Mensch dies als Individuum erfahren, nicht mehr als soziales Gemeinschaftswesen. Das bedeutet, dass jeder in der heutigen Zeit diese Verbindung auf ganz persönliche Art und Weise verwirklichen wird. Wichtig ist dabei allerdings, dass der Mensch lernt, diese neuen Erfahrungen mit Hellsichtigkeit (mit Hellfühligkeit oder auch Hellwissen) zu verstehen. Dadurch kann er ihnen in seinem Leben Raum schenken.

Letzteres möchte ich besonders betonen, aus dem einfachen Grund, weil ich mir Sorgen über die jüngere Generation mache, die mit diesen hellsichtigen Erfahrungen stärker konfrontiert wird als ältere Generationen und auch in Zukunft immer mehr damit konfrontiert werden wird. Oft erhalten diese Jüngeren leider keinerlei Hilfe von der älteren Generation, um diese Erfahrungen verstehen und in ihr Leben integrieren zu können. Dies ist auch einer der Gründe, weshalb ich dieses Buch schreibe: Weil die Älteren lernen müssen zu verstehen, wie wichtig es ist, die Erfahrungen der Jüngeren auf diesem Gebiet ernst zu nehmen und mit ihnen gemeinsam über das Wie und Warum nachzudenken.

3.
Wie sich der Schleier im 20. Jahrhundert lüftete

Das bahnbrechende Werk von Raymond Moody

Im Jahr 1975 erschien in Amerika ein Buch, das viele Leser tief beeindruckt hat: *„Life after life"* (*„Leben nach dem Tod"*). Es wurde von dem amerikanischen Arzt *Raymond Moody* verfasst. Millionen von Exemplaren gingen in vielen Sprachen über den Ladentisch: Allein schon von der amerikanischen Ausgabe wurden mehr als vierzehn Millionen Exemplare verkauft. Wir können mit Recht behaupten, dass dieses Buch die Art und Weise, wie wir den Tod – und damit auch das Leben – betrachten, für immer verändert hat.

Moody war der Erste, der in diesem Buch die Erfahrung beschrieb, die wir seitdem als „Nahtod-Erfahrung" bezeichnen: Die Erfahrungen von Menschen, die klinisch tot waren, jedoch nach kurzer Zeit wieder in ihren Körper zurückkehrten und über das berichteten, was sie während dieser Zeit (von wenigen Sekunden bis hin zu einigen Minuten) erlebt hatten: Wie sie ihren Körper verlassen hatten, wie sie von oben auf ihren

Körper und die Menschen, die um sie herumstanden, heruntergeschaut haben – und anschließend durch einen dunklen Tunnel gegangen waren, an dessen Ende sie ein strahlendes Lichtwesen erwartet hatte. Sie berichten, wie sie sich gemeinsam mit diesem Lichtwesen auf den Weg gemacht hatten und herrliche, beeindruckende Landschaften an ihnen vorübergezogen waren. Außerdem hatten sie eine Rückschau mit allerhand Bildern aus ihrem Leben gesehen, darunter auch Bilder von Erinnerungen, die sie schon längst vergessen hatten.

Wem ein solches Nahtod-Erlebnis zuteil geworden war, hatte – wie sich herausstellte – seine Angst vor dem Tod für immer verloren. Bei vielen blieb anschließend sogar ein dauerhaftes Heimweh nach der Welt des Lichtes zurück, die sie hatten erleben dürfen. Ihr Leben hatte sich durch das Nahtod-Erlebnis tiefgreifend verändert.

Elisabeth Kübler-Ross, die berühmte Expertin auf dem Gebiet der Sterbebegleitung und darüber hinaus die Frau, deren Werk den Anstoß zur Entstehung der Hostiz-Bewegung gegeben hat (die Einrichtung von Häusern, in welchen Menschen in einer Atmosphäre der Ruhe, der Liebe und des Friedens die letzte Phase ihres Lebens durchleben können), hat zu diesem Buch ein Vorwort verfasst. Sie hatte bei der Begleitung von Sterbenden bereits viel über Nahtod-Erlebnisse gehört. Doch sie war aufgrund ihrer eigenen Arbeit schon so umstritten, dass sie nicht noch ein weiteres so emotionsgeladenes und wahrscheinlich kontroverses Thema aufgreifen wollte. So war sie überglücklich, dass Moody bereit war, dieses Thema in der Öffentlichkeit bekannt zu machen. Aus diesem Grund schrieb sie auch bereitwillig ein Vorwort für das Buch.

Das Werk von Moody erregte so viel Aufsehen, weil immer mehr Menschen damals der Meinung waren, dass der Tod das definitive Ende sei und es kein Leben nach dem Tod gebe. Nun kam jedoch dieser Arzt mit einer Unmenge an Erfahrungsberichten und Beweisen daher, die das Gegenteil ans Tageslicht brachten! Daher hat Moody eine Revolution im Denken der Menschen über den Tod ausgelöst. Seit dieser Zeit ist es für immer mehr Menschen selbstverständlich geworden, dass der Tod nicht das Ende, sondern der Übergang in eine andere, höhere Form des Bewusstseins ist.

George Ritchie macht eine Nahtod-Erfahrung

Moody hat sein Buch George Ritchie gewidmet. Das ist, wie wir merken werden, eine beachtliche Widmung. Es stellt sich die Frage: Wer war eigentlich George Ritchie? Er war ein amerikanischer Psychiater, der im Jahr 1923 in Richmond (im Bundesstaat Virginia) geboren wurde. Als er zwanzig Jahre alt war – also im Jahr 1943 – meldete er sich bei der Armee, um nach seiner Ausbildung nach Europa geschickt zu werden, wo der Zweite Weltkrieg wütete. Nach dem Angriff der Japaner auf die amerikanische Flotte in Pearl Harbor war Amerika in diesen Krieg eingetreten.

Ritchie reiste nach Texas, wo er seine Rekrutenausbildung erhalten sollte. Während seiner Ausbildung bekam er eine Grippe, in deren Verlauf er hohes Fieber entwickelte. An einem bestimmten Punkt stellte der Arzt fest, dass Ritchie weder Pulsschlag noch Herzschlag mehr zeigte – und erklärte ihn für tot. Sein Körper wurde auf einer Bahre in ein kleines Kämmerlein geschafft. Nach neun Minuten kehrte George Ritchie jedoch wieder in seinen Körper zurück und wurde wieder lebendig. Während dieser neun Minuten machte er eine intensive Nahtod-Erfahrung, bei welcher er alle möglichen beeindruckenden Erlebnisse hatte. Wenn man liest, was er während dieser neun Minuten alles erlebte, könnte man denken, dass er seinen Körper mindestens für mehrere Tage verlassen haben musste. Es kommt bei den meisten Nahtod-Erfahrungen vor, dass der für tot erklärte Mensch nach ein paar Sekunden oder Minuten wieder ins Leben zurückkehrt, in dieser kurzen Zeit jedoch so viel erlebt hat, dass es scheint, als sei er jahrelang in der anderen Welt unterwegs gewesen. Eines ist klar: Auf der anderen Seite gibt es keine Zeit. Dort ist – um es mit den Worten der Bibel zu sagen – „ein Tag so lang wie tausend Jahre".[9]

Bei seiner Nahtod-Erfahrung begegnete George Ritchie jemandem, den er wie folgt beschreibt: „Ein Mann, der aus Licht bestand – Jesus." Doch dieser Mann aus Licht war ganz anders als der Jesus, den er in der Sonntagsschule kennen gelernt hatte: „Der Mann war reine Kraft – älter als die Zeit selbst und doch moderner als jeder andere, dem ich jemals begegnet bin." Am tiefsten wurde George Ritchie von der Liebe berührt, die Jesus ausstrahlte: „Seine Gegenwart strahlte bedingungslose Liebe aus."[10]

Jesus stellte George Ritchie bei der Rückschau der Bilder aus seinem Leben folgende Frage: „Was hast du aus deinem Leben gemacht?" Ritchie spürte, dass Jesus mit dieser Frage meinte: „Was hast du mit der kostbaren Zeit gemacht, die dir zugemessen war?"

Die Bilder seines Lebens, die George Ritchie in der Rückschau sah, waren – so berichtet er – „wie ein dreidimensionales Fresko, lebendige, bewegte Bilder. Durch die Frage von Jesus, aber auch durch das, was Jesus ohne Worte ausstrahlte, begriff George Ritchie, welche Bedeutung unserem Leben auf Erden zukommt und wie entscheidend es ist, was wir daraus machen.

In späteren Jahren hielt George Ritchie ab und zu einen Vortrag über sein Nahtod-Erlebnis. Bei einem dieser Vorträge war Raymond Moody anwesend. Er war von dem, was Ritchie erzählte, tief berührt. Inspiriert durch die Geschichte von Ritchie betrieb Moody später genauere Forschungen zu Nahtod-Erlebnissen und veröffentlichte schließlich im Jahr 1975 sein Buch „Leben nach dem Tod".

So kam es, dass Raymond Moody sein Buch George Ritchie widmete. Dessen Nahtod-Erlebnis ist die erste bekannte Nahtod-Erfahrung aus der modernen Zeit, die aufzeigt, wie der Schleier zwischen der irdischen und der geistigen Welt sich zu lüften beginnt. Erst nach der Veröffentlichung des Buches von Moody schrieb George Ritchie sein eigenes Buch *„Return from tomorrow" („Rückkehr von morgen")*. Es erschien im Jahr 1978 und wurde in Europa unter verschiedenen Titeln herausgebracht.

Blinde können sehen

Seit dem Jahr 1975 hat es noch viele weitere Forschungen auf dem Gebiet der Nahtod-Erfahrungen gegeben. Aus einigen Studien geht hervor, dass 4% der Bevölkerung in irgendeiner Form eine ähnliche Erfahrung zuteil geworden ist. Andere kommen zu dem Schluss, dass von den achtzehn Millionen Niederländern ca. 600.000 eine vergleichbare Erfahrung gemacht haben müssen.

Vielsagend ist auch, dass Blinde bei einer Nahtod-Erfahrung offensichtlich sehen können: Die Augen ihres physischen Körpers sind dann zwar immer noch blind, die Augen ihres geistigen Körpers jedoch nicht. Auch ist erwiesen, dass eine ganze

Reihe von Menschen bei einer Nahtod-Erfahrung eine Begegnung mit einem ihrer verstorbenen Lieben hatte.

Im Jahr 1988 wurde in den Niederlanden die Vereinigung „*Merkawah*" gegründet – eine Stiftung, die heute „*Netwerk NDE*" („Netzwerk Nahtod-Erfahrungen") heißt. Der Name *Merkawah*, der aus dem Hebräischen kommt, bedeutet „himmlischer Thronwagen" und wurde aus Ehrfurcht vor der so beeindruckenden Lichterscheinung gewählt, die viele bei einer Nahtod-Erfahrung erlebten.

Vor einiger Zeit wurde in den Niederlanden übrigens ein neuer Begriff gewählt. Anstelle der Abkürzung BDE („Beinahe-Tod-Erfahrung") hat man sich für die Abkürzung NDE entschieden: „Nahtod-Erfahrung". Dieser Begriff entstand in Anlehnung an die international gebräuchliche Abkürzung NDE = *Near death experience* („Nahtod-Erfahrung").

„Sie werden es selbst sehen: Im Himmel herrscht ganz viel Freude"

Bei dem amerikanischen Kinderarzt Melvin Morse wurde das Interesse an Nahtod-Erfahrungen durch die Geschichte geweckt, welche die neunjährige Katie ihm erzählte. Sie wäre in einem Schwimmbad beinahe ertrunken und hatte dabei ein Nahtod-Erlebnis. Sie erzählte, dass der Engel Elisabeth sie durch einen Tunnel in den Himmel gebracht habe. Dort spielte sie mit Mark und Andy, zwei Kindern, die noch geboren werden sollten. Sie hatte auch eine Begegnung mit Jesus und dem himmlischen Vater. Die beiden schickten sie wieder nach Hause. Katie sagte zu Dr. Morse: „Sie werden es selbst sehen – im Himmel herrscht ganz viel Freude." Morse erzählte später, dass sein Leben nach dieser Begegnung mit Katie niemals mehr dasselbe gewesen sei – so sehr hatte ihn ihr Erlebnis beeindruckt.

Im Jahr 1991 erschien sein Buch über Nahtod-Erlebnisse bei Kindern, „ *Closer to the light*" („*Zum Licht*"), in dem er auch andere Kinder zu Wort kommen ließ, die eine Nahtod-Erfahrung gemacht hatten. Zudem entwickelte er eine Theorie, die erklärt, wie es möglich ist, dass wir ein Nahtod-Erlebnis haben können. Das Buch erschien in den Niederlanden unter dem Titel „*Waar God woont*" („Wo Gott zu Hause ist").[11]

Erhellende Erfahrungen

Ich selbst schrieb 1989 das Buch: „*Dichterbij dan ooit, over verlichtende ervaringen*" („*Näher dran als je zuvor – über erhellende Erfahrungen*").[12] In diesem Buch ging ich nicht nur auf Nahtod-Erfahrungen, sondern auch auf Begegnungen mit Engeln und Verstorbenen ein, sogenannte „Große Träume" und andere Erfahrungen mit der geistigen Welt. Erst viel später habe ich erkannt, dass dieses Buch in die Reihe der Bücher gehört, die jeweils auf ihre ganz eigene Weise beschreiben, wie sich im vorigen Jahrhundert der Schleier langsam wieder lüftete, der unsere Welt von der geistigen Welt abgeschirmt hatte.

Auch dieses Buch hat Menschen geholfen, den Tod und damit auch das Leben auf eine andere, neue Weise zu betrachten. So schrieb ein Leser: „Anfang 2000 sah ich ein Büchlein mit dem Titel „ *Dichterbij dan ooit*" („*Näher dran als je zuvor*") von Hans Stolp bei meiner Mutter auf der Fensterbank liegen. Mein Blick wurde gewissermaßen geradezu magisch davon angezogen, und ich fragte, ob ich es mir ausleihen dürfte. Ich nahm es mit nach Hause, und von diesem Moment an hat sich mein ganzes Leben verändert."[13] An solchen Aussagen wird deutlich, dass in jener Zeit viele Menschen, ob bewusst oder unbewusst, auf der Suche nach einer anderen Betrachtungsweise des Todes waren. Damit wird klar, dass es seinerzeit zu unserer Lebensaufgabe gehört hat, unser Denken über den Tod radikal zu verändern. Diese Aufgabe ist übrigens noch lange nicht erfüllt. Für viele Menschen steht es an, dass sie jetzt, in diesem Leben und in unserer heutigen Zeit, lernen müssen, diesen Umschwung im Denken noch zu vollziehen.

4.

Wie es in diesem Jahrhundert weitergeht

Eine niederländische Studie

Im Jahr 2007 erschien in den Niederlanden das bahnbrechende Buch „Endloses Bewusstsein" des Arztes und Kardiologen Pim van Lommel. Auch er war ergriffen von der Nahtod-Erfahrung von George Ritchie und betrieb in seiner Klinik in Arnhem intensivere Studien. 2001 veröffentlichte er seine Ergebnisse in der international führenden medizinischen Fachzeitschrift *The Lancet*, in der nur Artikel aufgenommen werden, die die allerhöchsten wissenschaftlichen Kriterien erfüllen. Seine Forschung zu Nahtod-Erfahrungen betraf 344 Patienten, die einen Herzstillstand in der Klinik erlitten hatten. Von diesen hatten offensichtlich 62 (!) eine Nahtod-Erfahrung gemacht – ein auffallend hoher Prozentsatz also.

Van Lommels Artikel war eine weltweit bahnbrechende Veröffentlichung. Unbestreitbar war die Entwicklung nun so weit vorangeschritten, dass die neuen Erkenntnisse – wenn auch mit einigem Widerstand – in die Kreise der (medizinischen) Wissenschaft durchzudringen begannen.

Sechs Jahre später erschien sein zweites Buch über „Endloses Bewusstsein" mit dem Untertitel *„Een wetenschappelijke visie op de bijna-dood ervaring"* („Neue wissenschaftliche Fakten zur Nahtoderfahrung").[14] Sein Buch bedeutete einen weiteren Durchbruch – oder, wie es jemand formulierte: „Nun werden Nahtod-Erfahrungen auch außerhalb der Kreise von New Age und Alternativbewegungen ernst genommen." Das Buch von Pim van Lommel wurde und wird immer wieder nachgedruckt und ist inzwischen in vielen Sprachen erschienen – es ist ein weltweiter Bestseller.

Im vorigen Jahrhundert gab es noch starken Widerstand vonseiten der Ärzte. Viele von ihnen erklärten das Phänomen der Nahtod-Erfahrungen anfangs als Halluzination oder als Folge des Einsatzes von Medikamenten. Doch auch Menschen, die keine Medikamente benutzten, hatten offensichtlich eine Nahtod-Erfahrung; und nun begann auch noch ein angesehener Arzt wie Pim van Lommel über Nahtod-Erfahrungen zu sprechen – und zwar aufgrund von unbestreitbaren wissenschaftlichen Forschungen – da musste allmählich auch die Ärztewelt dieses Phänomen ernst nehmen. So kommt es, dass diese neuen Erkenntnisse jetzt auch in den medizinischen Fachkreisen von immer mehr Ärzten als glaubwürdig angenommen werden.[15]

Pim van Lommel zog aus seiner Forschungsarbeit den Schluss, dass es ein Bewusstsein jenseits des physischen Gehirns gibt. Das war für sein Fachgebiet durchaus eine revolutionäre Erkenntnis! Das würde bedeuten, dass Menschen, deren Gehirn nicht mehr arbeitet, nicht tot sind, sondern noch bei Bewusstsein. Hirntot ist nicht tot – eine Sichtweise, die natürlich auch große Auswirkungen für das Thema *Organspende* hat.

Zu den weiteren Schlussfolgerungen von van Pim van Lommel gehört auch, dass demente Menschen losgelöst von ihrem Gehirn denken können, jedoch nicht mehr imstande sind, ihre Gedanken über ihren physischen Körper zum Ausdruck zu bringen, weil ihr Gehirn durch Plaques und Blutverklumpungen angegriffen ist und daher nicht mehr richtig funktioniert.[16] Außerdem erklärt seine Studie, warum Menschen, die im Koma liegen, dennoch hören können, was die Menschen sagen, die an ihrem Bett stehen. Die Forschungsarbeit von Pim van Lommel hat also offensichtlich auch auf andere Gebiete weitreichende Auswirkungen!

Ein Neurochirurg berichtet

Im Jahr 2012 veröffentlichte der amerikanische Neurochirurg Eben Alexander das Buch „*Proof of Heaven*" („Blick in die Ewigkeit"). Ein Jahr später – 2013 – wurde dieses Buch auch in den Niederlanden unter dem Titel „*Na dit leven*" („Nach diesem Leben") veröffentlicht.[17] Der Untertitel dieses Buches lautet: „Die Reise eines Neurochirurgen ins Jenseits". Im Klappentext der niederländischen Übersetzung wird mit Stolz vermerkt, dass dieses Buch „Die Nummer 1 der New York Times-Bestsellerliste" ist. Ebenso wie das Buch des Kardiologen Pim van Lommel zieht auch dieses Buch eines Arztes, und zwar eines Neurochirurgen, weltweite Aufmerksamkeit auf sich. Das Vorwort zu diesem Buch wurde von keinem Geringeren als Raymond Moody verfasst.

Durch eine seltene Form von Hirnhautentzündung war Eben Alexander sieben Tage lang bewusstlos. Als er aus seinem Koma erwachte, waren seine Erfahrungen messerscharf und für immer in sein Gedächtnis eingraviert. Moody sagt selbst, dass die Erfahrungen, die Eben Alexander während seines Komas machte, der verblüffendste Bericht sind, auf den er in den vierzig Jahren seiner Studien gestoßen ist. Alexander war wohlgemerkt nicht nur ein paar Sekunden oder Minuten bewusstlos oder klinisch tot, sondern eine ganze Woche! Seine Erfahrung macht deutlich, dass jemand, der eine schwere Gehirnschädigung erlitten hat und in einem tiefen Koma liegt, dennoch über ein Bewusstsein verfügt.

Auch durch dieses Buch wird das Phänomen der Nahtod-Erfahrung immer verständlicher. Nahezu jeder weiß inzwischen, was mit diesem Begriff gemeint ist. Viele Menschen in unserer heutigen Zeit leiten unter anderem auch davon ihr Verständnis darüber ab, dass der Tod nicht das Ende ist, sondern „nur" den Übergang in ein höheres Bewusstsein bildet. Wenn wir uns in Erinnerung rufen, dass erst im Jahr 1975 das erste Buch (von Moody) zu diesem Phänomen erschienen ist, müssen wir feststellen, dass sich innerhalb von vierzig Jahren eine geistige Revolution vollzogen hat, die dazu führte, dass die meisten Menschen eine ganz andere Einstellung gegenüber dem Tod eingenommen haben! Dieses Beispiel belegt mehr als deutlich die Tatsache, dass der Schleier, der die irdische Wirklichkeit von der geistigen Welt abschirmt, immer durchsichtiger zu werden beginnt. Anders ausgedrückt: Das neue Zeitalter, das im Jahr 1899 angebrochen ist, beginnt Kontur anzunehmen – und diese Entwicklung wird in Zukunft noch deutlicher werden.

Eine faszinierende Feststellung ist auch, dass sich die Entwicklung, die im vorigen Jahrhundert mit George Ritchie, Raymond Moody und Melvin Morse begonnen hat, mit Unterstützung durch Elisabeth Kübler-Ross, im heutigen Jahrhundert, das ja gerade erst angebrochen ist, mit Nachdruck fortsetzt. Daher dürfen wir getrost davon ausgehen, dass noch mehr Bücher zu diesem Thema erscheinen werden – und wahrscheinlich auch zu anderen, damit zusammenhängenden Themen, wie etwa Engel-Erscheinungen, Kontakt mit Verstorbenen und Christus-Erfahrungen. Doch auch bei diesen Themen gilt, dass sich die ersten Entwicklungen diesbezüglich bereits im vorangegangenen Jahrhundert abgezeichnet haben.

Skepsis und die Vereinigung gegen die Quacksalberei

Noch immer gibt es Gruppierungen und Einzelpersonen, die sich mit Händen und Füßen gegen diese neuen Erkenntnisse sträuben, beispielsweise die Vereinigung „Skepsis" und die „Vereinigung gegen die Quacksalberei". So steht auf der Seite von „Skepsis" über das Buch von Pim van Lommel zu lesen, dass dieses Buch „gefüllt ist mit unsorgfältigen, unfundierten und tendenziösen Behauptungen und Halbwahrheiten".[18] Das muss man sich erst einmal trauen: Das international in Fachkreisen führende Magazin „The Lancet" befand, wie wir festgestellt haben, die Erkenntnisse von Pim van Lommel für so evident, so klar und mit so vielen Beweisen versehen, dass sein Beitrag ohne weiteres in dieser Zeitschrift aufgenommen wurde.

„Skepsis" betitelt die Erkenntnisse von Pim van Lommel zudem als „Unsinn" – eine Beurteilung, die respektlos ist und meiner Meinung nach auch noch einen ungemeinen Mangel an Wissen verrät. Vor allem wenn man das Ganze im Lichte der großen Entwicklungsphasen der Menschheit, die ich weiter oben beschrieben habe, betrachtet.

Am Ende des Artikels über das Buch von Pim van Lommel auf der Webseite von „Skepsis" wird deutlich, warum die Menschen (meist Wissenschaftler), die hinter „Skepsis" stehen, versuchen, das Werk von Pim van Lommel zu verreißen: Seine Erkenntnisse haben unter anderem große Folgen für die heutige Praxis der Organspende. „Skepsis" stellt fest: „Das Schlimmste ist, dass van Lommel die These vom Hirntod verwirft. Er behauptet, dass hirntote Organspender noch am Leben sind. Das ist eine Beleidigung sowohl für die selbstlosen verstorbenen Organspender als auch für ihre mutigen und trauernden Familienangehörigen."

Die These von Pim van Lommel ist begreiflich und logisch: Wenn es stimmt, dass es ein Bewusstsein auch ohne unser physisches Gehirn gibt, dann sind hirntote Menschen nicht tot, sondern sie leben noch. Wenn unser Gehirn nicht funktioniert, sind wir ja ebenso wenig tot, wie wenn eine Niere nicht funktioniert oder ein Arm gelähmt ist und nicht funktioniert beziehungsweise irgendein Organ zeitweise versagt. Wenn diese Behauptung stimmt – und es scheint mir, dass dagegen keinerlei stichhaltige Gegenargumente angeführt werden können – ist die heutige Praxis, hirntote Menschen zum Organspender zu machen, in der Tat abscheulich. Sie sterben dann auf dem Operationstisch beim Entnehmen ihrer Organe! Weitere Ausführungen zu diesem Thema finden Sie auch in meinem Buch „Organspende - Übertragen Organe Bewusstsein?".[19]

Es sind vor allem dieser Sachverhalt und andere Folgen (man bedenke nur, was ich weiter oben über Demenz geschrieben habe), die die Bedeutung des Werkes von Pim van Lommel herausstellen und verständlicherweise erheblichen Widerstand erregen, wie etwa die Reaktion auf der Webseite von „Skepsis" zeigt.

Konservatives Denken ist nicht immer gut

Bei alledem ist es wichtig, dass wir uns Folgendes vor Augen halten: Bis zum Jahr 1899 war das irdisch ausgerichtete, materialistische Denken der Menschen von „Skepsis" (und anderen) durchaus sinnvoll. Für diese Skeptiker ist nur die Materie Realität, und es gibt für sie keine geistige Welt und keine geistigen Dimensionen. Ein solches Denken war bis 1899 angebracht, denn bis zu jenem Jahr mussten wir Menschen ja lernen, uns mit der Erde zu verbinden und selbstständig zu werden. Auch mussten wir bis zu jenem Zeitpunkt die Gesetze der Materie erkennen und beherrschen lernen.

Doch mit dem Jahr 1899 beginnt eine neue Entwicklung. Seitdem müssen wir lernen, uns der geistigen Welt wieder bewusst zu werden und die geistigen Gesetze zu berücksichtigen, auf die wir dabei stoßen. Menschen wie Pim van Lommel, Eben Alexander und Raymond Moody machen diese neue Entwicklung sichtbar und zeigen uns die Konsequenzen davon. Doch Menschen wie jene bei „Skepsis" bleiben in verflossenen Zeiten hängen, als wir materialistisch denken lernen und uns auf die irdischen, nicht auf die geistigen Gesetze konzentrieren mussten. Mit anderen Worten: Ihr materialistisches Denken war bis zum Jahr 1899 berechtigt. Seit diesem Zeitpunkt befindet es sich jedoch im Widerstreit mit der Entwicklung, die die geistige Weltführung uns gerade erleben lässt.

5.

Auch die Engelwelt öffnet sich

Engel als schizophrene Wahnvorstellung

Im Jahr 1899 begann es also, dass die geistige Welt langsam wieder zugänglich wurde, nachdem sie uns so lange beinahe völlig verschlossen gewesen war. Im ersten Jahrzehnt des vorigen Jahrhunderts vollzog sich jener Prozess freilich in aller Stille, unbemerkt und folglich ohne dass die Menschen irgendetwas davon bemerkten. In jenen Jahren wurden unsere Herzen und Seelen in Stille auf das vorbereitet, was uns an Erkenntnis geschenkt werden sollte. Heute wird der Schleier ganz langsam durchsichtig. Doch schon bald, und zwar ganz kurz nach dem Zweiten Weltkrieg, begann es immer auffälliger zu werden, dass sich eine Veränderung vollzog, auch wenn nur wenige verstanden, worum es genau ging. Nicht nur Nahtod-Erfahrungen erregten Interesse, auch die Engelwelt wurde von immer mehr Menschen als Realität betrachtet und nicht mehr als Fantasiegespinst oder Geisterspuk.

Dabei konnte man – auffälligerweise – zwei entgegengesetzte Entwicklungen feststellen. Zuerst sehen wir, dass die Engel und ihre Welt in den Kirchen immer mehr totgeschwiegen werden; oder wie manche Menschen es formulierten: Die Engel werden entmystifiziert. Das sollte heißen: Aufgrund des rationalen Denkens, das keinerlei Beweis für die Existenz der Engelwelt finden kann, werden die Engel zum Mythos erklärt. Die moderne Theologie behauptete – und tut das weitgehend immer noch – dass Engel ein Archetypus oder ein Ursymbol sind. Ein Symbol also, aber keine Wirklichkeit. Manche Theologen sprachen in diesem Zusammenhang sogar von schizophrenen Wahnvorstellungen; und andere wieder von Urbildern aus längst vergangenen Zeiten, als der Mensch noch nicht imstande war, logisch und rational zu denken. Der Theologie-Professor Stoffels erklärte daher zutreffend im Jahr 2004: „Die Kirchen haben die Engel entrümpelt." Dies gilt wohlgemerkt nicht für jede Kirchengemeinschaft und jeden Geistlichen, aber es war der vorherrschende Trend in allen Kirchen.

Mit dieser Haltung entschieden sich die Kirchen im Grunde für eine konservative Lebenseinstellung, die die Tatsache außer Acht ließ, dass seit dem Jahr 1899 eine neue Zeitepoche angebrochen ist, in der die Menschen allmählich wieder eine direkte Verbindung zur geistigen Welt bekommen werden. Sie trafen damit die gleiche Wahl wie die Vereinigung „Skepsis" und die „Vereinigung gegen die Quacksalberei", wie wir im vorangegangenen Kapitel sahen: Für die Vergangenheit und gegen einen neuen Schritt in Richtung Weiterentwicklung der Menschheit.

New Age

Die zweite Entwicklung war Folgende: Zahlreiche Menschen (meist außerhalb der Kirchen) begannen nach dem Zweiten Weltkrieg eine ganz neue Achtsamkeit und Sensibilität für die Engelwelt zu entwickeln. In jenen Jahren erschienen viele Bücher über Menschen, die eine Begegnung mit einem Engel hatten, die darüber berichteten und ab jenem Moment ganz anders über das Leben, den Tod und die geistige Welt zu denken begannen.

Ende der Achtziger-, Anfang der Neunzigerjahre des vorigen Jahrhunderts, als ich bei *Ikon* als Radiopfarrer arbeitete, habe ich einige Sendungen diesen erhellenden Erfahrungen gewidmet: Nahtod-Erfahrungen, Engel-Erscheinungen und Kontakt mit Verstorbenen. Niemals habe ich auf eine Radio- oder Fernsehsendung so viele Reaktionen erhalten wie damals. Es waren wirklich Hunderte von Briefen, Telefonanrufen und persönlichen Gesprächen. Viele begannen mit dem Satz: „Ich möchte Ihnen etwas erzählen, was ich noch nie einem anderen Menschen erzählt habe." Dann begannen sie von einer persönlichen Erfahrung zu erzählen oder zu schreiben: Von einem Nahtod-Erlebnis, einer Engel-Erscheinung oder einem Verstorbenen, zu dem sie – auf die unterschiedlichsten Weisen – Kontakt bekommen hatten. Damals wurde mir erst richtig bewusst, wie viele geistige Erfahrungen die Menschen doch machten, aber auch, wie viel Angst sie noch zu jener Zeit sicherlich davor hatten, damit an die Öffentlichkeit zu treten. Sie hatten Angst davor, für verrückt gehalten oder ausgelacht zu werden, und das würden sie, so sagten viele, nicht ertragen können, gerade weil es eine so heilige, eindringliche Erfahrung war, die sie niemals mehr vergessen würden. Viele sagten auch, dass sich ihr Leben durch diese Erfahrung für immer zum Guten gewendet hatte. Auch ich selbst erlebte in jenen Jahren, dass für diese Erfahrungen innerhalb der Kirchen kein Raum war. Das führte dazu, dass ich mein Amt als Radiopfarrer letztendlich niederlegte.

So entstand in jenen Jahren die Bewegung, die meist mit dem Begriff „New Age" bezeichnet wird: Ein Oberbegriff für die verschiedensten spirituellen Initiativen und Entwicklungen. Man denke hierbei beispielsweise an die Entwicklung einer esoterischen Philosophie, an das zunehmende Interesse an spiritueller Bewusstseinserweiterung, an das Aufkommen alternativer Therapien und verschiedener alternativer Lebensweisen (zum Beispiel der Garten in Findhorn), die bis zum heutigen Tag praktiziert werden. Ab der zweiten Hälfte der Sechzigerjahre des 20. Jahrhunderts rückten diese Entwicklungen mehr und mehr in den Blickpunkt des öffentlichen Interesses.[20]

Ein erhöhtes Interesse an Engeln und wachsender Widerstand

Im Jahr 1983 machte sich der Hausarzt Hans Moolenburgh aus Haarlem an die Erforschung von Engel-Erfahrungen. Er befragte 400 Patienten: „Sind Sie schon einmal einem Engel begegnet?" Die Reaktionen auf seine Frage waren ebenso überraschend wie unterschiedlich: Viele reagierten einfach mit einem „Ja". Dabei war es auffallend, dass solche Erfahrungen sowohl bei Katholiken wie bei Protestanten als auch bei Nichtkonfessionellen vorkamen.[21]

Ich selbst veröffentlichte im Jahr 1991 das Buch: „*Nu de engelen zijn teruggekeerd*" („Die Engel sind zur Stelle").[22] In jenem

48

Buch ging ich auf eine Reihe von Engel-Erfahrungen ein, die man mir anvertraut hatte. Für kein anderes Buch habe ich jemals so viel Kritik geerntet. Der Tenor der meisten Reaktionen war ungefähr der folgende: „Nun haben wir soeben dieses alte kirchliche Denken über Engel abgelegt und entdeckt, dass die Engel nur ein Symbol sind und nicht Wirklichkeit, und dann kommt Stolp wieder mit den Engeln daher." Andere sprachen von einem „Rückfall in ein altes, überkommenes theologisches Denken".

Laut Umfragen glauben derzeit 47% der Holländer an Engel. In den USA sind es offensichtlich sogar 70%. Auffallend ist, dass der Papst Ende der Achtzigerjahre dafür plädierte, den „Engeln wieder Beachtung zu schenken, weil man in Unwissen darüber spricht". Offensichtlich spürte er doch etwas von den neuen Entwicklungen auf diesem Gebiet.

Dionysius Areopagita

Es war der große Eingeweihte und Hellseher Dionysius Areopagita, der uns tiefe Einblicke in die Welt der Engel schenkt. Sein Werk bildete die Basis der Engellehre, die in der Römisch-Katholischen Kirche jahrhundertelang gepflegt wurde. Seine Einsichten, die in den ersten Jahrhunderten nach Christus lediglich mündlich weitergegeben wurden, wurden im fünften Jahrhundert unter dem Titel „Die Himmlische Hierarchie" schriftlich niedergelegt.[23] Spannend ist, dass ich in den Achtzigerjahren des letzten Jahrhunderts, als ich auf der Suche nach diesem Buch war, nur eine deutsche Übersetzung von einem kleinen Fachverlag finden konnte – eine niederländische Übersetzung gab es damals nicht. Nun wurde das Buch inzwischen auch wieder in einer niederländischen Version herausgegeben. Dies spiegelt die Entwicklungen in diesem Bereich wider: Die Engel werden erneut ernst genommen! Die jahrhundertealten Standardwerke auf diesem Gebiet sind wieder zugänglich, weil immer mehr Menschen daran Interesse haben.

Karma und Reinkarnation

Es ist auffallend, dass in derselben Zeit die Begriffe Karma und Reinkarnation Einzug in das westliche Denken hielten. Aus der geistigen Welt erreichten die Menschheit starke Impulse, dank derer wir uns langsam der Hintergründe von Karma und Reinkarnation bewusst wurden. Der Schleier hob sich, so dass die inspirierenden Energien aus dieser Welt uns leichter als früher erreichten und uns zu neuen Erkenntnissen führen konnten. Auch diese Entwicklung vermochte sich erst in der neuen Zeitepoche zu verwirklichen, die 1899 begann und sich nach dem Zweiten Weltkrieg erheblich verstärkte.

Viele denken zu unrecht, dass der Glaube an Karma und Reinkarnation der östlichen Tradition entlehnt ist. Doch das stimmt nicht: Als im Westen zum ersten Mal über Reinkarnation gesprochen wurde, erfolgte das in einem ganz anderen Zusammenhang, als es im Osten gebräuchlich ist. Im Osten verbindet man Reinkarnation mit einer endlosen Wiederholung – man kann nur darauf hoffen, dass man irgendwann aus dem Rad der Wiedergeburt befreit wird und endlich ins Nirvana eintreten darf. Im Westen stand der Reinkarnationsgedanke von Anfang an im Zeichen von Wachstum und Entwicklung. Jedes Erdenleben bringt uns auf dem Pfad des geistigen Wachstums einen Schritt weiter. Ist der Kreis – als Symbol der endlosen Wiederholung – das Symbol des östlichen Denkens, so ist das Symbol des neuen westlichen Denkens über Reinkarnation die Spirale. Jedes Leben ist in gewissem Sinne eine Wiederholung (vom Baby, Kind und Erwachsenen bis hin zum alten Menschen), beinhaltet zugleich jedoch auch ein geistiges Wachstum. (Übrigens nehme ich auch im östlichen Denken eine Entwicklung wahr, bei der das Symbol des Kreises immer mehr durch das einer Spirale abgelöst wird).

Eine Anmerkung am Rande: Erst später wurde mir anhand von Studien klar, dass die Begriffe Karma und Reinkarnation im ursprünglichen Christentum schon hinlänglich bekannt waren und man auch in der Bibel eine ganze Reihe von Hinweisen darauf finden kann, inwiefern Jesus Christus die Begriffe Karma und Reinkarnation geläufig waren.[24] So sagt Jesus beispielsweise über Johannes den Täufer, dass er der wiedergekehrte Prophet Elias ist. Johannes der Täufer ist also eine Reinkarnation von Elias.

Bisheriges Fazit

Zusammenfassend können wir feststellen, dass wir, auch was die Engel betrifft, zwei gegenläufige Entwicklungen wahrnehmen können: Einerseits eine durchgängige Leugnung der Engelwelt auf der ganzen Linie (im Anschluss an die Entwicklungen vor 1899), andererseits aber jenes ganz neue Interesse für die Welt der Engel, das vor allem außerhalb der kirchlichen Kreise aufkommt und als „New Age" bezeichnet wird. In dieser Szene kamen übrigens nicht nur die neuen Erkenntnisse über Karma und Reinkarnation zur Sprache, sondern auch das Wissen über die sieben Chakras und die höheren Körper des Menschen. Das wurde möglich, weil immer mehr Menschen für die Inspirationen aus der geistigen Welt empfänglich wurden.

Verlangen nach tieferem Wissen

Wenn ich es richtig wahrnehme, hat die New-Age-Bewegung inzwischen ihren Höhepunkt überschritten. Nun beginnt eine neue Entwicklung: Die Suche nach tiefem Wissen. Wenn es wahr ist, dass es Engel und eine geistige Welt gibt und der Tod nicht das Ende, sondern der Übergang in ein höheres Bewusstsein ist, und wenn es außerdem wahr ist, dass wir öfter zur Erde kommen, wie sieht dann diese Engelwelt eigentlich aus, und welche Erfahrungen werden wir nach unserem Tod in diesem höheren Bewusstsein machen? Wie läuft der Prozess der Reinkarnation im Detail ab? Es zeigt sich in der heutigen Zeit also der Wunsch nach neuem, tieferem Wissen.

Außerdem sehen wir, wie sich noch eine andere Entwicklung abzuzeichnen beginnt. Die Erkenntnisse, welche die Menschheit bis jetzt gesammelt hat, nehmen auch Einfluss auf konkrete Lebensfragen, mit welchen wir auf Erden konfrontiert sind.Können diese Erkenntnisse uns beispielsweise helfen, eine Entscheidung über Euthanasie oder Organspende zu treffen? Können Sie uns helfen zu erkennen, ob eine Krankheit wie Demenz einen verborgenen Sinn aufweist oder einfach nur sinnlos ist?

Im Augenblick stehen wir erst am Anfang einer ganz neuen Entwicklung. Ich erwarte, dass die kommenden Jahrzehnte vor allem im Zeichen der Suche nach Antworten auf Fragen wie diesen und anderen stehen werden. Es zeichnet sich sogar ab, dass wir dabei eine ganz neue Betrachtungsweise unseres Lebens einzunehmen beginnen, die bis in unsere wissenschaftlichen Methoden, unsere Heilkunde, unsere Ernährungslehre und unsere Wirtschaft hinein wirken wird.

6.
Die Hilfe eines großen Meisters

Ein entscheidender Übergang

Es wird, in Anbetracht dessen, was ich in den vorangegangenen Kapiteln beschrieben habe, inzwischen recht deutlich, dass der Übergang, der 1899 seinen Anfang nahm, einen wichtigen Wendepunkt in der Geschichte der Menschheit bildet. Wir sahen, wie der Mensch allmählich selbstständig wurde, auf eigenen Beinen stehen lernte und sein eigenständiges Denken entwickelte. Betrachtet man die großen Phasen dieser Entwicklung, muss man sagen, dass der Mensch – wie wir bereits festgestellt haben – sich dabei auch allmählich von einem Gruppenwesen hin zum Individuum entwickelt hat. Zudem ist er sich auch seiner eigenen inneren Welt bewusst geworden und hat erkannt, dass sein eigenes Denken sich von dem der Menschen in seinem Umfeld unterscheidet. Er entwickelte ein individuelles Denken.

In der Phase, die ab 1899 beginnt, erhält der Mensch die Aufgabe, sich aus diesem neuen, persönlichen Bewusstsein und diesem individuellen Denken heraus mit der geistigen Welt zu verbinden. Wenn er das tut, wird er zum Wissenden werden. Er glaubt nicht mehr nur an die geistige Welt, sondern dank seiner Denkkraft und seines persönlichen Bewusstseins hat er Wissen von ihr. Dadurch verliert das kirchliche Christentum – bei dem es immer um den Glauben ging, den andere vorgaben – mehr und mehr an Boden. Es entwickelt sich eine höhere Form des Christentums: Das esoterische Christentum, bei dem es um Verstehen und Erkenntnis geht. Dieses Christentum umfasst alle anderen Religionen und schließt sie nicht aus. Allein schon diese Voraussetzung zeigt, dass es sich hier wirklich um eine höhere Form des religiösen Bewusstseins handelt.

Das esoterische Christentum, das jahrhundertelang im Geheimen weitergegeben wurde, war bereits in den ersten Jahrhunderten nach Christus bei jenen Essenern bekannt, die zum Christentum übergewechselt waren.[25] Auch war es bei den vielen Eingeweihten bekannt, die im Stillen, im Hintergrund der Weltgeschehnisse, tätig waren. Man denke hierbei beispielsweise an Menschen wie Dionysius Areopagita und Josef von Arimathäa. Doch ab dem vierten Jahrhundert nach Christus, als das kirchliche Christentum (im Jahr 313) anerkannt und (im Jahr 393) zur Staatsreligion erhoben wurde, wurde das esoterische Christentum mit harter Hand total ausgerottet.

Ab dem 13. Jahrhundert trat dieses geheime, verborgene Christentum dank des Wirkens von Christian Rosenkreutz, einer Inkarnation von Johannes, dem großen Schüler von Jesus Christus, erneut ans Licht. Doch es blieb auch ein Christentum, das vor allem im Verborgenen arbeitete. Erst in unserer heutigen Zeit findet es mehr und mehr den Weg in die Öffentlichkeit.

Rudolf Steiner

Der besondere Übergang, der im Jahr 1899 begann, war – und ist noch immer – so tiefgreifend, dass ein großer Meister nach dem anderen zur Erde kam, um uns zu helfen. In der traditionellen esoterischen Lehre kennen wir die Meister des Ostens und des Westens. Bekannte Meister des Ostens sind beispielsweise Meister Kuthumi und Meister Morya. Die Meister des Westens kennen wir (unter anderem) unter den Namen Meister Christian Rosenkreutz und Meister Jesus (der frühere Zarathustra)[26].

Kurz vor dem Übergang, der im Jahr 1899 stattfand, kam wieder ein Meister zur Erde. Er hatte den Auftrag, das vorbereitende (und größtenteils geheim gebliebene) Werk von Christian Rosenkreutz aufzugreifen und weiterzuentwickeln. Dadurch sollte er uns den Weg ins esoterische Christentum weisen, das wir in unserer Zeit so bitter nötig haben, um die neue Verbindung zur geistigen Welt erkennen und ergründen zu können.

Der Meister, der kam, um uns zu helfen und beizustehen, war Rudolf Steiner. Er wurde 1861 als Sohn österreichischer Eltern geboren. Kurz vor seinem 40. Geburtstag hatte er ein tiefgreifendes, entscheidendes Erlebnis – eine Christus-Erfahrung. Tagelang stand er im Geiste vor dem Mysterium von Golgatha. Rudolf Steiner war bei der Beschreibung dieser Erfahrung äußerst zurückhaltend, doch wir wissen, dass die gesamte weitere Entwicklung seines Lebens dieser Erfahrung entspringt. Er bezeichnete diese Erfahrung als den „Höhepunkt der Entwicklung meiner Seele". Was meinte er mit dieser Bemerkung?

Wir wissen, dass ein Mensch um seinen 21. Geburtstag herum in Bezug auf seinen Körper (oder in Bezug auf seinen physischen Körper sowie seinen Ätherleib und Astralleib) und um seinen 42. Geburtstag herum in Bezug auf seine Seele erwachsen ist.

Von diesem Moment an kann der Geist im Menschen aktiv werden. (Eine Bemerkung am Rande: Daher ist diese Lebensphase auch eine so kritische Übergangsphase, in der man häufig eine Lebenskrise durchlebt – die Midlife-Crisis. Wenn der Geist oder das Höhere Selbst in uns aktiv wird, kommt auch all das Unausgereifte ans Licht. Das Licht des Geistes enthüllt das Dunkle in unserer Seele.)[27]

Die Christus-Erfahrung von Rudolf Steiner bildete folglich den Höhepunkt der Entwicklung seiner Seele. Nun konnte der Geist in ihm aktiv werden. Das bedeutete, dass ab jenem Moment auch der Christus durch ihn (durch seinen Geist) wirken konnte. So wird verständlich, warum er genau dann, um seinen 40. Geburtstag herum, diese Erfahrung machte.

Faszinierend ist, dass diese Erfahrung etwa um das Jahr 1899/1900 stattgefunden haben musste (Das genaue Datum wissen wir nicht). Das bedeutet, dass er der erste Mensch war, der erfahren durfte, wie sich der Schleier zur geistigen Welt lichtete. Die Christus-Erfahrung, die Rudolf Steiner erlebte, dürfen wir auch als eine Einweihung betrachten: Die Transformation in ein höheres Bewusstsein. Dank eben dieser Einweihung wurde Rudolf Steiner zum großen Meister, der uns in dieses neue Zeitalter hineinbegleiten durfte.

Die Erkenntnisse und ihre Auswirkung

Rudolf Steiner schenkte uns auf den verschiedensten Gebieten ein tiefergehendes Wissen: Jene Erkenntnisse, die wir benötigen, um die Entwicklung unserer heutigen Zeit – und folglich das Lüften des Schleiers zur geistigen Welt hin – zu verstehen:

- *So zeigte er uns, was denn nun eigentlich der Sinn von Karma und Reinkarnation ist: Zu erkennen, dass wir alles, was uns in diesem Leben widerfährt, nicht Gott oder anderen Menschen in die Schuhe schieben dürfen, sondern dass diese Erfahrungen das Ergebnis dessen sind, was wir selbst in früheren Leben getan, gesagt oder gedacht haben. Auf diese Weise lernen wir, die Verantwortung für unser eigenes Leben – und folglich auch für unser Karma – selbst zu übernehmen und nicht auf andere abzuschieben.*

- *Zudem zeigte er uns auch, was die Bibel damit meint, wenn dort behauptet wird, dass der Mensch aus einem Körper, einem Geist und einer Seele besteht.[28] Er erklärte uns, dass ein Mensch einen physischen Körper (der durch ätherische Kräfte am Leben gehalten wird, die unseren Ätherleib bilden), einen Astralleib (der der Träger unserer Seele ist und in dem unsere Emotionen leben) sowie einen Geist hat.*

- *Außerdem zeigte er uns, wie eine Heilkunde möglich ist, die diesen Aufbau des Menschen berücksichtigt: Wenn unsere drei Körper (physischer Körper, Ätherleib und Astralleib) nicht harmonisch aufeinander abgestimmt sind, werden wir krank. Eine Wiederherstellung dieser Harmonie ist folglich eine wichtige Aufgabe jeder spirituellen Heilmethode.*

- *Darüber hinaus gab Rudolf Steiner uns einen Ehrfurcht gebietenden großen, tiefen Einblick in die Mysterien von Jesus Christus, wie diese noch nie zuvor an die Öffentlichkeit gebracht worden waren. Dank dieser Einblicke wird es uns möglich, uns auf ganz neue Weise mit Christus zu verbinden.*

- *Auch machte er deutlich, wie es möglich ist, dass der ätherische Christus in unserer heutigen Zeit immer mehr Menschen erscheint.*

- *Außerdem zeigte er, wie die vielen Einblicke, die er uns gab, im alltäglichen Leben angewendet werden können. So gab er beispielsweise Anweisungen für die Entwicklung der biologisch-dynamischen Landwirtschaft, für eine Form der Erziehung, die das individuelle Wesen der Kinder zu ihrem Recht kommen lässt – und die nicht von ihnen fordert, dass sie sich willenlos den Anforderungen der Wirtschaft beugen – für eine Heilpädagogik, für eine andere Heilkunde, die auf geistige Kräfte zurückgreift, sowie für einen anderen Aufbau unserer Gesellschaft (den er „soziale Dreigliederung" nannte).*

Diese kurze Zusammenfassung bildet nur den Beginn jener Transformation, die nötig ist, da wir in ein neues Zeitalter eintreten. Es liegt an uns, diese in verschiedenen anderen Bereichen weiter auszuarbeiten und anzuwenden.

7.

Die Ankunft des ätherischen Christus und des inneren Christus

Christus-Erfahrungen

Im vorigen Jahrhundert ging es nicht nur um Nahtod-Erfahrungen, Begegnungen mit Engeln oder Verstorbenen. Es gab in zunehmendem Maße auch Christus-Erfahrungen – und es gibt sie noch immer. Dies begann in den japanischen Internierungslagern in Niederländisch-Indien (dem heutigen Indonesien) und in den Konzentrationslagern in Deutschland. Dort sahen einige Gefangene in äußerster Not eine Lichtgestalt, die ihnen Mut und Kraft gab, und von der sie mit großer innerer Sicherheit wussten: Das ist Christus (oder Jesus). Diese Erfahrung überkam nicht nur Menschen, die einer Kirche angehörten, sondern es machten sie auch Menschen, die überhaupt nicht gläubig waren. Nach dem Zweiten Weltkrieg setzte sich diese Entwicklung verstärkt fort, und es wurde immer mehr Menschen in irgendeiner Weise eine Christus-Erfahrung zuteil.

Christus erscheint im Traum und beim Sterben

So erzählte mir einmal eine Mutter von ihrer Tochter, die bei ihrer Geburt nur eineinhalb Pfund wog. Das Mädchen war oft krank, und als es sieben Jahre alt war, bekam die Mutter das Gefühl, dass es nicht mehr lange leben würde. Eines Morgens wachte das Mädchen auf und sagte: „Mama, ich habe geträumt, dass ich im Himmel in einer langen Reihe stand und wartete. Am Ende der Reihe sah ich Jesus stehen, der mit jedem sprach. Er kam auch zu mir und sagte: „Jetty, du darfst wählen, ob du hier bleiben oder dein Leben auf der Erde weiterleben willst." „Und", fragte seine Mutter, „wie hast du dich entschieden?" „Das weiß ich nicht mehr", sagte Jetty. Doch ihre Antwort wurde in den darauffolgenden Monaten klar: Das Mädchen blühte auf und hatte keinerlei gesundheitliche Beschwerden mehr. An diesem Beispiel können wir ablesen, dass eine Begegnung mit Christus (bzw. Jesus oder Jesus Christus) auch in einem Traum stattfinden kann.

Im Krankenhaus (in dem ich in den Achtzigerjahren des vergangenen Jahrhunderts Krankenhauspfarrer war), begegnete ich einmal einem 19-jährigen Mädchen. Sie lag im Bett, war schwer krank und an allerhand Apparate angeschlossen. Trotz all dieser Apparate hatte sie etwas ganz Feenhaftes an sich. Sie erschien wie ein anmutiges Wesen, das nicht von dieser Erde war. Zu meinem Erstaunen lag sie zur Bestrahlung in ihrem Krankenbett. Als ich sie fragte, weshalb sie so fröhlich war, sagte sie nur: „Jesus war da." Seine Anwesenheit war in diesem Moment auch für mich im Krankenzimmer noch immer spürbar. Kurz danach fiel sie ins Koma, und eine Woche später verstarb sie. Mir war klar: Jesus hatte ihr die Kraft gegeben, im Vertrauen zu sterben und ihre Familie loszulassen.[29]

So habe ich im Laufe meines Lebens unzählige Geschichten von Menschen hören dürfen, die eine Begegnung mit Christus hatten. Daher wurde es für mich wichtig, in Erfahrung zu bringen, warum diese Christus-Erscheinungen in unserer heutigen Zeit so oft vorkommen. Überall habe ich gesucht, bis ich bei Rudolf Steiner die Antwort gefunden habe, die mich berührt und überzeugt hat. Er stellte um das Jahr 1910 herum fest, dass infolge des Endes des Kali-Yuga und einer gleichzeitig damit einhergehenden zunehmenden Verbindung mit der geistigen Welt immer mehr Menschen ab den Dreißigerjahren jenes Jahrhunderts eine Christus-Erscheinung erleben würden. Meist würde das bei Menschen in tiefer Not geschehen. Im bevorstehenden dritten Jahrtausend, so verkündete Rudolf Steiner, werde die Zahl der Menschen, denen eine solche Christus-Erscheinung zuteil würde, immer mehr zunehmen. Er erzählte auch, dass die Menschen, welchen solches widerfährt, von diesem Moment an Wissende und nicht länger Gläubige sind. Rückblickend erweist sich, dass alles genau so eingetreten ist, wie Rudolf Steiner es angekündigt hat.

Christus kommt sowohl von innen als auch von außen auf uns zu

Die Begegnung mit Christus (der von außen auf uns zukommt), spiegelt eine wichtige weitere Entwicklung jener Zeit wider: Es werden sich immer mehr Menschen des „inneren" Christus bewusst. Diese beiden Entwicklungen scheinen parallel einherzugehen. Doch wie ist dies genau zu verstehen?

Immer mehr Menschen erhalten in der heutigen Zeit eine innere Verbindung zu ihrem Höheren Selbst, dem Geist beziehungsweise ihrem höheren Ich. Beim esoterischen Christentum wird diese Kraft auch als „innerer Christus" bezeichnet. Unser Höheres Selbst ist ein Teil des Wesens von Christus. Diese Erfahrung zeigt die große Aufgabe der heutigen Zeit, nicht länger in den niederen Kräften unseres Egos hängen zu bleiben, sondern die Verbindung zu den höheren Kräften der Liebe, der Vergebung, des Vertrauens und der Hingabe herzustellen, die langsam in uns aktiv werden möchten. Das sind die Kräfte unseres Höheren Selbst oder die Kräfte des inneren Christus.

Weil wir auf der Erde leben, leben wir in einer Welt der Dualität. Das heißt, dass wir in einem Umfeld von Gegensätzen leben, die untrennbar miteinander verbunden sind: Unten und oben, hell und dunkel, gut und böse, Mann und Frau, innen und außen. Auf Erden gibt es das eine nicht ohne das andere: Wo Licht ist, ist auch Schatten. So ist es auch mit dem Christus, der von innen, in unserem Herzen und in unserer Seele, aktiv wird; und dem Christus, der von außen auf uns zukommt (und den wir durch eine Christus-Erscheinung erfahren dürfen). Die eine Christus-Kraft zerfällt hier auf der Erde folglich in eine Dualität. Wenn wir diese Entwicklung in aller Ruhe durchdenken, können wir es auch anders formulieren: Es ist Christus selbst, der mit seinem Erscheinen in der heutigen Zeit unsere Sensibilität für das Höhere Selbst (oder den inneren Christus) in uns weckt, so dass wir, von dieser höheren Kraft geführt, auch wirklich in das Neue Zeitalter eintreten können.

Dieses Neue Zeitalter – das, wie wir gesehen haben, nach Ablauf des Kali-Yuga begonnen hat – ist ein Goldenes Zeitalter. Es wird so genannt, weil die Menschen (die das möchten und sich dafür entscheiden) in diesem Zeitalter in direkter Verbindung mit der geistigen Welt und somit in Verbindung mit dem lebendigen Licht der Liebe aus dieser Welt werden leben dürfen.

Doch bevor es so weit ist, durchlaufen wir gegenwärtig eine tiefgreifende Übergangsphase, wobei nach und nach mit allem Alten gebrochen wird, um Raum für neue Lebensmuster zu schaffen. Genau dieser Bruch ist es, den wir in verschiedener Weise um uns herum wahrnehmen und der uns so verängstigt. Wenn wir jedoch alle Entwicklungen in unserer heutigen Zeit, über die Presse und Fernsehen fortwährend berichten, aus der Perspektive betrachten, die ich skizziert habe, wird uns klar, warum die Dinge so ablaufen, wie sie gerade ablaufen. Dadurch relativiert sich zumindest unsere Angst.

8.

Das besondere Los Deutschlands

Warum ausgerechnet Deutschland?

Wir haben festgestellt, dass das vergangene Jahrhundert eine besondere Epoche war. Der Schleier hob sich, und die Menschen machten infolgedessen ganz neue Erfahrungen, nicht nur Nahtod-Erfahrungen und Begegnungen mit Engeln, sondern auch Christus-Erscheinungen. Außerdem brachten die Energien, die aus der geistigen Welt auf sie einwirkten, sie zu einer neuen Betrachtungsweise von Leben und Tod. Sie wurden sich der Existenz von Karma und Reinkarnation bewusst. Rückblickend muss man sagen: Es hat sich in jenem Jahrhundert wirklich im Stillen eine geistige Revolution abgespielt!

Doch rückblickend sehen wir auch, wie die großen Ereignisse desselben Jahrhunderts mit kohlschwarzen Lettern tief in die Menschheitsgeschichte eingraviert sind. Zwei grauenvolle Weltkriege fanden statt, wobei der zweite vielleicht noch grausamer war als der erste – und der war aufgrund des Leides, das er über die Menschen brachte, schon erschütternd. Das Elend, das der

Zweite Weltkrieg uns brachte, schien von Deutschland auszugehen. Man denke nur an die Konzentrationslager, die Ausmerzung von Juden, Sinti, Roma und Homosexuellen, man denke an die Gaskammern – und das Bild, das uns förmlich in die Netzhaut eingebrannt ist, steht in all seiner Grausamkeit vor unserem geistigen Auge.

Dieser Krieg wirft allerhand Fragen auf. Wie war dieser Krieg eigentlich möglich? Warum ging dieses abscheuliche Leid dabei vor allem ausgerechnet von Deutschland aus? Sind die Deutschen denn so schlechte Menschen? Natürlich nicht! Sie sind in keinerlei Hinsicht schlechter als die Niederländer, die Engländer oder die Amerikaner. Wie ist es dann möglich, dass von diesem Land dennoch so viel Böses ausging?

Das sind Fragen, die nahezu nie gestellt werden. Wir gehen Fragen wie diesen lieber aus dem Weg, weil wir schon von vornherein davon ausgehen, dass wir darauf keine Antwort finden werden. Das beängstigt uns; denn es würde bedeuten, dass uns so etwas jederzeit wieder überkommen kann. Dabei kann so viel Böses nicht nur von den Deutschen, sondern von jedem Menschen ausgehen. Dies sind so beängstigende Gedanken, dass wir solche schwierigen Fragen lieber vermeiden und einen großen Bogen darum machen.

Die Mission Deutschlands

Wer dennoch eine Antwort auf solche tiefgreifenden Fragen finden möchte, muss sich darüber in der Esoterik kundig machen. Im esoterischen Christentum ist man sich der Tatsache bewusst, dass jedes Volk einen eigenen Beitrag zum Wachstum und zur Entwicklung der Menschheit zu leisten hat. Die Menschheit wächst und entwickelt sich unter der Führung hoher Engel, die diesen Prozess behüten und lenken, von Zeitalter zu Zeitalter immer weiter. Der Beitrag zur menschlichen Entwicklung, der Deutschland im vergangenen Jahrhundert als Aufgabe übertragen wurde, war ein ganz besonderer: Er bestand darin, den Uranstoß für die Mission zu geben, die darin gründet, den Kern der menschlichen Seele zur Entfaltung zu bringen – und folglich, das höhere Ich (unser Höheres Selbst, den inneren Christus) zur Entwicklung anzuregen. Von diesem höheren Ich aus darf die Menschheit dann in naher Zukunft eine direkte Verbindung zu Christus und der geistigen Welt aufbauen. Deutschland durfte diese Aufgabe, die der gesamten Menschheit zugute kommen wird, als erstes Land verwirklichen.

So gesehen, wurde Deutschland zum Vorreiter in der Entwicklung der Menschheit. Doch was bedeutet das im Detail, und worin genau wurde Deutschland denn Vorreiter? Alle Erfahrungen und Lektionen, die wir in unseren früheren, in unserer heutigen und in unseren künftigen Inkarnationen auf Mutter Erde machen, sind dazu gedacht, unser Ich zu entfalten.[30] Zunächst unser niederes Ich oder Ego, danach unser höheres Ich oder Höheres Selbst. In der aktuellen Phase dieser Entwicklung ist es so, dass wir unser niederes Ich, unser Ego, mehr oder weniger entfaltet haben und nun unser Höheres Selbst zur Entfaltung bringen müssen. Dieser Übergang (vom Ego zum Höheren Selbst) stellt eine äußerst kritische Phase in der Entwicklung des Menschen dar. Es droht nämlich die Gefahr, dass wir in der Ebene unseres Egos oder niederen Ichs hängen bleiben, einfach aus Bequemlichkeit oder weil wir nicht erkennen, worin denn nun eigentlich unsere Aufgabe besteht.

Außerdem liegen auch dunkle geistige Mächte auf der Lauer,

um diesen entscheidenden Schritt von unserem niederen Ich zu unserem Höheren Selbst zu verhindern. Sollte es der Menschheit nämlich gelingen, diesen entscheidenden Schritt zu tun, dann verlieren die dunklen geistigen Mächte allmählich ihren Zugriff auf uns. Sie können zwar auf unser Ego einwirken, jedoch nicht auf unser Höheres Selbst! Es war (und ist) für die dunklen geistigen Mächte folglich wirklich eine Frage von Leben und Tod, von Sieg oder Niederlage, ob es ihnen gelingt, die Menschheit von diesem Schritt abzuhalten.

Das tragische Schicksal Deutschlands

Dies ist der Grund dafür, weshalb die dunklen geistigen Mächte im vorigen Jahrhundert in Deutschland alles daran gesetzt haben, um diesen besonderen Schritt (vom Ego zum Höheren Selbst) zu behindern und sogar unmöglich zu machen. Auch wollten sie das Augenmerk der Menschheit von diesem besonderen Ereignis ablenken und die Menschen in einer Stimmung von Angst, Terror und Tod geißeln. Das ist ihnen gut geglückt: Zum zweiten Mal wussten sie Deutschland (und andere Länder) zu verführen und in einen Weltkrieg zu verwickeln. Dadurch – und durch die langwierigen Folgen dieser Kriege – gelang es den dunklen geistigen Mächten, bis heute geheimzuhalten, um welche besondere Entwicklung es im vorigen Jahrhundert eigentlich ging. Menschen verirren sich ja in der Dunkelheit sehr schnell, ohne ein inneres Gespür für das Licht zu entwickeln, das hinter dem Dunkel verborgen liegt.

Es ist ein unvorstellbar schweres Opfer, das das deutsche Volk bringen musste, während es seinen Auftrag erfüllte. Rudolf Steiner hat einmal gesagt, dass die deutsche Sprache die einzige ist, in welcher er die Mysterien der neuen Zeit und des esoterischen Christentums zum Ausdruck bringen kann. Auch diese beiläufige Bemerkung ist ein kleiner Hinweis darauf, welche besondere Aufgabe dem deutschen Volk in diesem prozess zukommt. Gerade deshalb waren die dunklen Mächte voll und ganz auf Deutschland konzentriert.

So befremdlich es vielleicht klingen mag, Deutschland hat mit seiner Vorreiterrolle in der geistigen Entwicklung der Menschheit – mit dem Beginn der Entwicklung des Höheren Selbst – ein unvorstellbares Opfer erbringen müssen. Es wurde von den dunklen Mächten zu einem grauenhaften Krieg verleitet, der dazu führte, dass die Menschen nur noch darauf aus waren, zu überleben und sich selbst zu retten, wodurch sie nicht zu einer tieferen Besinnung auf das Wesen des Menschseins und auf die nächste Stufe kamen, die sie in ihrer Entwicklung hätten nehmen müssen.

Wer es lernt, eine solche Sichtweise einzunehmen, betrachtet die Geschichte auf eine ganz neue Weise und entwickelt innere Hochachtung für das deutsche Volk und seinen besonderen Sendungsauftrag.

Die Mission anderer europäischer Völker

Gestatten Sie mir, an diesem Punkt meiner Ausführungen ein klein wenig weiter auszuholen; denn ich denke, dass viele Leserinnen und Leser sich fragen werden, was denn der individuelle Sendungsauftrag der Niederlande oder Belgiens beim Wachstum und bei der Entwicklung des Menschen auf Erden sein mag.

Willem Zeylmans von Emmichoven schrieb 1940 – zu Beginn des Zweiten Weltkrieges, als Deutschland in die unteren Niederlande und in Belgien einfiel und diese besetzte – ein besonderes Büchlein: „*De geestelijke taak van ons volk*" („*Die geistige Aufgabe unseres Volkes*").[31] In jenen dunklen Tagen wollte er den Menschen den ureigenen Sendungsauftrag der Niederlande und Belgiens bewusst machen und die Menschen dadurch ermutigen.

In seinem Büchlein erzählt er, dass jedes Volk seine eigene Mission hat. So hat *Italien* die Aufgabe, den Seelenaspekt der Empfindung (auch Empfindungsseele genannt) auszuarbeiten. Dies kann man noch immer an der besonderen Entwicklung der Malerei in Italien ablesen: Die frühen italienischen Maler waren sich der kosmischen Mysterien bewusst, die im Licht und in den Farben verborgen waren, die sie um sich herum wahrnahmen. Es war, als stünden sie an der Schwelle zur geistigen Welt und nähmen die kosmischen Mysterien wahr, die sie in ihrer Malerei zum Ausdruck brachten. So kam es, dass die Malerei aus der Zeit der italienischen Renaissance sich durch überschwängliche Formen und eine bisher nicht gekannte Farbenpracht auszeichnen. Sie lebten und arbeiteten also aus den Kräften der Empfindungsseele heraus und brachten diese zu einer höheren Entwicklung.

Das französische Volk hat eine ganz andere Mission: Es hat die Aufgabe, das Element in unserer Seele, das als Verstandes- oder Gemütsseele bezeichnet wird, zu einer höheren Entwicklung zu bringen. Das bedeutet, dass die Franzosen lernen sollten, so zu denken und zu sprechen, dass auch die Gefühlskräfte durch ihre Worte hindurch wirken können. Die Neigung vieler Franzosen, zu reden und zu diskutieren – ihre Lebenshaltung, die mit einer gewissen Gemütlichkeit und geistigen Beweglichkeit einhergeht – hängt damit zusammen. Es sieht danach aus, als würde sich diese Aufgabe bis nach Wallonien (in den französischsprachigen Teil Belgiens) erstrecken.

Der Sendungsauftrag der Niederlande und Belgiens

Das niederländische Volk hat einen ganz anderen Auftrag, nämlich die Bewusstseinsseele zu entwickeln. Das Element des Bewusstseins in unserer Seele (oder unsere Bewusstseinsseele) konfrontiert uns mit Fragen wie: „Wer bin ich eigentlich? Was ist meine Lebensaufgabe? Wie bin ich zu dem Menschen geworden, der ich jetzt bin?" Daher hat sich die niederländische Malerei – insbesondere die des Goldenen Zeitalters – nach innen gewandt. So finden wir in der niederländischen Malerei ganz viele Szenen aus dem Wohnzimmer und dem häuslichen Leben und bekommen Stillleben zu sehen. Ist die Volksseele von Italien nach außen gekehrt und zeigt die kosmischen Geheimnisse, so ist die niederländische Volksseele nach innen gewandt und schaut, was sich im Inneren unserer Seele abspielt.[32]

Darin liegt also eine Aufgabe für all die Menschen, die im Bereich der niederländischen Volksseele leben: Sie sollen sich ihrer inneren Welt bewusst werden und sich den Fragen widmen, die dabei auftauchen.

Der Ebene der Verinnerlichung begegnen wir auch beim berühmtesten niederländischen Maler: Rembrandt. Der Weg nach innen bringt ihn zum Kern der menschlichen Seele und führt zur Geburt des geistigen Lichtes, das auf allen Gemälden Rembrandts wiederzufinden ist. Mit anderen Worten: Bei Rembrandt erleben wir das Wunder des Aufloderns des Lichtes in der Seele! Genau das ist die Essenz, um die es bei der Bewusstseinsseele geht!

Der Sendungsauftrag des niederländischen Volkes erstreckt sich bis nach Flandern. Auch dort geht es also um die Entwicklung der Bewusstseinsseele. Doch das Besondere an Belgien ist,

dass in diesem Land zwei verschiedene Aufgaben zusammen-
kommen und miteinander bearbeitet werden müssen: Flandern
mit seinem Schwerpunkt auf der Bewusstseinsseele und Wallonien mit seinem Nachdruck auf der Gemüts- und Verstandesseele. Zum Sendungsauftrag Belgiens gehört es folglich auch,
dass Bevölkerungsgruppen, die sich in ihrem Seelenauftrag ex-
trem voneinander unterscheiden, lernen zusammenzuarbeiten.
Diese Aufgabe ist für die Zukunft äußerst wichtig. In der nächs-
ten Kulturperiode (die ab dem Jahr 3573 nach Christus beginnt)
werden die Menschen nämlich trotz all ihrer jeweiligen Unter-
schiede lernen müssen, in Frieden und Zusammengehörigkeit
zusammenzuleben. Belgien muss diese Zukunft bereits jetzt, auf
seine ganz eigene Weise, vorbereiten – ebenso wie ein Land wie
die Schweiz mit ihren so verschiedenen Bevölkerungsgruppen
(deutschsprachig, französischsprachig und italienischsprachig)
das tun muss.

9.

Wie Erzengel Michael an und mit uns arbeitet

Die Regentschaft Michaels

Beim Übergang, der im Jahre 1899 begann, erhielten wir nicht nur Hilfe von einem großen Meister auf Erden, es fließt uns seitdem auch eine besondere Hilfe aus der geistigen Welt zu. Diese Hilfe kommt vom Erzengel Michael, der im Jahr 1879 seine Regentschaft antrat. Michael ist einer der sieben Erzengel, die – im Wechsel – jeweils für etwa 350 Jahre die Führung über die Entwicklung des Menschen auf Erden übernehmen dürfen.[33] Der Reihe nach dürfen die sieben Erzengel abwechselnd ihre Inspirationen und ihre Energien in die Herzen der Menschen legen, so dass die Menschheit – dadurch inspiriert – immer wieder einen weiteren Schritt in ihrer Entwicklung tun kann.

Im Jahr 1879 war es der Erzengel Gabriel, der zurücktrat, und der große Erzengel Michael, der als sein Nachfolger die Regentschaft über die Menschen übernahm. Es sind insbesondere die Energien von Michael, die wir in der heutigen Zeit benötigen, um die Lebensaufgabe antreten zu können, die uns das neue

Zeitalters zuweist, das zwar bereits im Jahr 1899 begann, aber immer noch dabei ist, sich weiter zu enthüllen.

Michael und Rudolf Steiner

Der Erzengel Michael und Rudolf Steiner haben zu Beginn dieser neuen Zeitepoche eng zusammengearbeitet. Auch nach dem Tod Rudolf Steiners, im Jahr 1925, setzten sie ihre enge Zusammenarbeit fort, in dem Bestreben, der Menschheit zu helfen und beizustehen, doch nun von der geistigen Welt aus.

Bedeutungsvoll im Leben Rudolf Steiners sind bestimmte Jahreszahlen. So war Rudolf Steiner im Jahr 1879, als Michael seine Regentschaft übernahm und die Menschheit mit seinen Energien durchströmen durfte, achtzehn Jahre alt. Die Ausbildung seines physischen Körpers (oder seines physischen Leibes, seines Äther- und Astralleibes) war nahezu vollständig vollzogen. Nun musste er damit beginnen, die verschiedenen Aspekte seiner Seele zur Entfaltung zu bringen. Gleich am Anfang seiner Seelenentwicklung (also ab dem Jahr 1879) schenkte Michael ihm die besonderen Energien, deren er bedurfte, um sich zu dem Meister zu entwickeln, der die Menschheit in das Neue Zeitalter hineinführen könnte.

In einem der vorangegangenen Kapitel haben wir festgestellt, dass Christus selbst kurz nach 1899, als Rudolf Steiner ungefähr vierzig Jahre alt war, diesem erschien. Es war die Zeit seines Lebens, in der Rudolf Steiner sein Höheres Selbst, seinen Geist, entwickeln durfte. Bereits zu Beginn dieser Entwicklung berührte Christus ihn so tief in seinem Wesen, dass Rudolf Steiner dadurch zu dem Meister wurde, den die Menschheit in dieser Zeit so sehr brauchte (und noch immer braucht).

So dürfen wir mit Fug und Recht behaupten, dass Michael Rudolf Steiner die so nötige Seelenkraft schenkte und Christus ihm die erforderliche Geisteskraft zuteil werden ließ. Das zeigt, wie eng diese drei – Christus, Michael und Rudolf Steiner – miteinander verbunden sind.

Pfingsten

Es ist die Aufgabe Michaels, unser materialistisches Denken (nach dem Motto: „Nur das, was wir messen, wiegen und zählen können, existiert"), unsere materialistische Lebenseinstellung („haben, haben, haben"), unser Schubladendenken und allerhand andere eingerostete Lebensmuster zu durchbrechen, um Raum für den Geist zu schaffen. Wenn wir uns in diesem neuen Zeitalter der geistigen Welt bewusst werden und erkennen, dass wir nun den Auftrag haben, uns mit dieser Welt zu verbinden, bedeutet das natürlich auch, dass wir uns innerlich der Geisteskraft öffnen müssen, die uns aus dieser Welt entgegen strömt. Das bedeutet, dass wir uns des Geistes, der Art und Weise, wie er in und an uns wirkt und wie er das irdische Leben verändern möchte, bewusst werden müssen.

Es ist schon auffällig, dass von den christlichen Festen das Pfingstfest am wenigsten Aufmerksamkeit erhält. Nach Meinung von Kardinal Eijk und dem Vorsitzenden der Protestantischen Kirche darf der zweite Pfingstfeiertag abgeschafft und durch einen islamistischen oder jüdischen Festtag ersetzt werden.[34] Das zeigt, dass diese Herren keinerlei Kenntnis darüber haben, was das Pfingstfest denn nun eigentlich beinhaltet: Die Geburt des Heiligen Geistes auf Erden. Gerade in einer Zeit, da dieses Fest aktueller ist denn je, plädieren diese Herren für die

Abschaffung eines Festtages, der dem Heiligen Geist geweiht ist.

Das Zeitalter des Heiligen Geistes

In esoterischen Kreisen ist schon länger bekannt, dass im Jahr 1899 auch das Zeitalter des Heiligen Geistes angebrochen ist: Die dritte Epoche, die auf das Zeitalter Gottes, des Vaters, und des Sohnes (= Christus) folgt. Das Zeitalter des Vaters dauerte bis zur Ankunft Christi auf Erden und seine Inkarnation im Menschen Jesus von Nazareth, folglich bis zum Jahr 30 unserer Zeitrechnung. Das Zeitalter von Christus dauerte im Anschluss daran bis zum Jahr 1899. Dann begann das Zeitalter des Heiligen Geistes; und es ist Michael, der dieses Zeitalter einläuten und dem Menschen helfen darf, sich dieser Epoche und damit auch des Wirkens des Heiligen Geistes bewusst zu werden.

Unser Wissen über diese drei Zeitalter geht auf den italienischen Theologen Joachim von Fiore zurück, der von 1135 bis 1202 lebte. Er war nicht nur Theologe, sondern auch Mystiker, Einsiedler und später Klosterbruder. Er hatte in seinem Leben einen großen Wunsch: Die Bildersprache des letzten Buches in der Bibel, der *Offenbarung des Johannes*, verstehen zu dürfen und zu ergründen. Doch so sehr er es auch versuchte, die Bilder blieben für ihn ein Rätsel. Bis er eines Ostermorgens erwachte und, wie er später erzählte, eine geistige Erleuchtung hatte – eine *spiritualis intelligentia*, wie er sie nannte. In jenem Moment begriff er plötzlich die reiche Bildersprache der *Offenbarung* bis in alle Einzelheiten.

Aufgrund der Dinge, die ihm damals klar wurden, und aufgrund dessen, was er von all diesen Offenbarungen im letzten Buch der Bibel erfuhr, teilte er die Geschichte in drei Zeitepochen ein: In die des Vaters, des Sohnes und des Heiligen Geistes. Später war es Rudolf Steiner, der sich den Erkenntnissen von Joachim van Fiore anschloss und erklärte, dass die Epoche des Heiligen Geistes begann, als das Kali-Yuga, das Eiserne Zeitalter, endete – also im Jahr 1899.

Michael wurde zwanzig Jahre vorher Regent, im Jahr 1879, wie ich erwähnt habe. Seine hohe Aufgabe war es, dieses neue Zeitalter vorzubereiten und den Menschen zu helfen, sich des Heiligen Geistes bewusst zu werden.

Was Michael bewirkt

Alles, was Michael in der heutigen Zeit tut, ist somit auch auf die Geburt des Heiligen Geistes auf Erden ausgerichtet. Aus diesem Grunde sorgt er für die Auflösung unterschiedlichster alter Muster und Lebensformen, die noch nicht auf die Energien des Heiligen Geistes abgestimmt sind; denn nur dann entsteht Raum für neue Lebensformen und Strukturen, die ideal auf den Heiligen Geist abgestimmt sind. Die Auflösung all dieser alten Muster kann Michael freilich allein dadurch verwirklichen, dass er uns mit einer Krise nach der anderen erschüttert – nicht nur Wirtschaftskrisen, sondern beispielsweise auch Krisen in zwischenmenschlichen Beziehungen und Bindungen.

Wenn wir nicht gewissenhaft aus diesen Krisen lernen (wie das bei der letzten Wirtschaftskrise deutlich der Fall ist; wesentliche Veränderungen hat diese niemals nach sich gezogen), dann werden diese Krisen wieder über uns hereinbrechen, dann jedoch noch um einige Grade heftiger als vorher. Michael ist mit

Sicherheit kein Erzengel, der sachte und zart mit uns umgeht: „Sanfte Heiler verursachen stinkende Wunden" – so könnte man seine Devise formulieren.

Das Antlitz Christi

Michael ist vor allem der Wegbereiter Christi; des inneren Christus und des ätherischen Christus, der von außen auf uns zukommt. Er bringt den Christus zu uns, weil allein durch die Verbindung mit ihm unser Höheres Selbst (der innere Christus) in uns lebendig wird – und der Heilige Geist hat die Aufgabe, diese hohen Kräfte in uns zu wecken.

Michael, der große Erzengel, ist es, der alle diese so besonderen Entwicklungen ermöglichen darf. Er ist es auch, der von Christus persönlich den Auftrag bekommen hat, uns auf diese neuen Entwicklungen – diese großen Schritte nach vorn auf dem langen Weg unserer Entwicklung – vorzubereiten. Daher ist es wichtig, dass wir aufmerksam danach Ausschau halten, auf welche Weise Michael uns bei der Entwicklung unserer Bewusstseinsseele und beim Erwachen unseres Höheren Selbst helfen will. Er tut dies unter anderem mit folgenden Impulsen:

- *Michael bringt das Verborgene ans Licht. Das gilt natürlich in erster Linie für das verdrängte Dunkle in unserem Herzen. Er bringt es nach oben und fragt uns, warum uns das beunruhigt und was wir daraus lernen können.*
- *Michael bringt auch das, was in einer Gemeinschaft im Verborgenen gehalten wird, ans Licht – es kommt in dieser Zeit unwiderruflich nach oben. Man denke nur an Julian Assange, der mit seiner Organisation WikiLeaks Tausende*

von Staatsgeheimnissen ans Licht gebracht hat. Für Michael gilt: „Nur was ans Licht kommt, kann heil werden!"

- Michael lehrt uns, den Weg nach innen zu gehen. Der Geist kann nur in uns zu wirken beginnen und den Christus in uns aktivieren, wenn wir uns unserer inneren Welt bewusst geworden sind. Daher möchte Michael uns vor allem all das bewusst machen, was in unserer Seele und in unserem Herzen lebt und sich bewegt. Das tut er beispielsweise, indem er uns heftige Lebenserfahrungen nicht vorenthält, sondern uns hilft, geistig an solchen Erfahrungen zu wachsen.

- Vor allem ist Michael damit auch der Wegbereiter Christi. Das gilt sowohl für den inneren Christus als auch für den ätherischen Christus, der immer mehr Menschen erscheint. Wo Michael ist, ist Christus nicht weit.

- Michael möchte unsere Vrbindung zu geistigen Beziehungen erhöhen. Es geht in unserer heutigen Zeit um Beziehungen, in welchen wir eine geistige Verbundenheit erfahren. Daher entstehen in unserer Zeit immer mehr Probleme im Bereich von familiären Bindungen (Eltern – Kinder – Geschwister usw.), weil einige dieser Blutsbande sich nicht zu geistigen Bindungen entwickeln. Wo das nicht geschieht, entstehen in zunehmendem Maße große Probleme in den betreffenden Beziehungen. Das gilt auch für eheliche und freundschaftliche Beziehungen: Wo die Bindung nicht zu einer geistigen Verbundenheit – also einer Verbundenheit im Bereich des Heiligen Geistes – ausreift, gehen solche Beziehungen letztendlich in die Brüche.

- Für Michael ist Freiheit etwas Essenzielles! Der Mensch braucht Freiheit, um seinen eigenen Weg gehen zu können, während er darauf lauscht, was ihm von innen heraus verdeutlicht wird. Wir werden alle im Geiste Michaels ganz *bewusst lernen müssen, einander die Freiheit zu schenken und uns nichts gegenseitig aufzudrängen: Keinen Glauben, keine Lebensweise, kein Wissen oder sonst irgendetwas. Diese Aufgabe ist viel schwieriger, als sich viele bewusst sind! Wie oft kommt es vor, dass wir uns gegenseitig einschränken? Wie oft zwingen wir dem anderen mit und ohne Worte allerhand Beschränkungen auf?*

- *Michael will uns aufwecken und uns bewusst machen, worum es in unserer heutigen Zeit und in dieser Inkarnation eigentlich geht. Dazu gehört, dass er uns den großen Übergang bewusst machen möchte, der im Jahr 1899 begann: Der Ausbruch des Zeitalters des Heiligen Geistes und des nahenden Christus, der sich mit jedem von uns auf ganz eigene Weise verbinden möchte.*

- *So möchte Michael die Gesellschaft in eine Werkstatt des Heiligen Geistes umformen!*

Teil II

Die sieben Lebensaufgaben für unsere heutige Zeit

10.
Ein Gideonsbund

Entscheidende Fragen

Mit dem ersten Teil dieses Buches ist wahrscheinlich schon deutlich geworden, dass wir – laut esoterischem Wissen – in einer entscheidenden Übergangszeit leben, in der sich uns die geistige Welt Schritt für Schritt zuwendet und für uns zugänglich wird. Dabei wird jeder von uns – bewusst beziehungsweise meist unbewusst – vor die Frage gestellt, ob wir mutig genug sind, uns für die Impulse zu öffnen, die uns aus der geistigen Welt erreichen. Wenn wir uns dafür nicht öffnen, dann kapseln wir uns automatisch in eine Lebensweise von früher (von vor 1899) ein, als der Materialismus noch berechtigt und die Verfeinerung des materialistischen Denkens gleichsam noch unsere Lebensaufgabe war, weil wir damals die Erde und die irdischen Gesetze entdecken lernen mussten.

Wer sich freilich unserer heutigen Lebensaufgabe bewusst wird, die darin besteht, uns für jene Energien zu öffnen, die uns heute aus der geistigen Welt entgegen strömen und inspirieren möchten, wird sich allmählich der Fragen bewusst, mit welchen wir dabei konfrontiert werden:

- „Sind wir bereit, uns der führenden Kraft des Neuen Zeitalters – dem Heiligen Geist – zu öffnen, und wagen wir es, uns durch diese inspirieren zu lassen? Wagen wir es, an anderes und Neues zu denken? Können wir, unter der Führung des Heiligen Geistes, das irdische Leben auf neue Weise betrachten und lernen, mit dem Erdenleben auf spirituelle (und folglich geistige) Weise umzugehen?
- Das bedeutet ganz konkret Folgendes: „Werden wir es wagen, die Wirtschaft, die Bildung und alle möglichen anderen Lebensbereiche im Sinne des Heiligen Geistes zu betrachten, und werden wir uns zu fragen wagen, wie der Heilige Geist dem Leben in diesen Bereichen Form geben und es lenken wird?" Ich habe bewusst das Wort „wagen" gewählt, denn es erfordert Mut, das zu tun!
- „Werden wir es wagen, beispielsweise ein anderes, spirituelles Bildungskonzept und eine spirituelle Wirtschaftsweise anzustreben?"
- „Möchten wir uns für eine andere Form der Landwirtschaft beziehungsweise eine biologische Landwirtschaft einsetzen, die nicht nur ohne Gift, sondern auch im Sinne des Heiligen Geistes arbeitet? Eine Form der Landwirtschaft, die meist als ‚biologisch-dynamische Landwirtschaft' bezeichnet wird?"
- „Sind wir bereit, unsere Heilkunst kritisch zu betrachten und uns zu fragen, wie wir gerade auf diesem Gebiet im Sinne des Heiligen Geistes arbeiten können? Wird es wieder jeder Arzt lernen, bei seiner Arbeit auch immer den Heiligen Geist mit einzubeziehen?"

- „Sind wir bereit, über die vielen neuen Erkenntnisse nachzudenken, die Karma und Reinkarnation mit sich bringen? Sind wir bereit, über die Frage nachzudenken, was diese Erkenntnisse für unser *persönliches Leben bedeuten?*"[35]

Noch sind es nur wenige, die die Dinge so betrachten wollen und dies auch wagen. Doch es werden immer mehr. Sie bilden eine Gruppe von Menschen, die oft umstritten sind und als seltsam betrachtet werden. Doch sie sind es, der kleine Gideonsbund, der die Erde verändern wird – in tiefer Verbundenheit mit der geistigen Weltenlenkung, die uns in dieses Neue Zeitalter hineinbegleitet hat.

Nicht mehr zurück zur Erde

Auch wenn wir uns dessen nicht bewusst sind – wir haben uns damals, bevor wir zur Erde kamen, ganz bewusst dafür entschieden, just in der heutigen Zeit zur Erde zu kommen und beispielsweise nicht hundert Jahre fruher oder später. Für diese Entscheidung gab es verschiedene Gründe. Einer dieser Gründe ist, dass wir in dieser Zeit insbesondere die Lektionen in Angriff nehmen können, die wir brauchen, um uns auf die richtige Weise weiterzuentwickeln.

Ein anderer Grund kann die Erkenntnis sein, dass die Erde und die Menschheit in der heutigen Zeit durch eine kritische Phase gehen und es daher Menschen braucht, die bereit sind, Wissen über die heutigen Entwicklungsprozesse zu erlangen. Menschen also, die aus diesem Wissen heraus anderen helfen können, die richtigen Schritte zu tun. In diesem Fall sind es vor allem die Liebe zur Menschheit und ein Gefühl der Solidarität, die uns auf die Erde geholt haben – und weniger unsere eigenen Bedürfnisse.

Oft sagt man zu mir: „Ich möchte lieber nicht noch einmal zur Erde zurückkehren." Jemand hat mir auch geschrieben: „Ich habe keine Lust mehr, auf dieser Erde mit all der Ausbeutung, Gewalt und Intoleranz zu leben. Daher will ich niemals mehr in diese Welt zurück. Ich ziehe mich jedes Jahr für einen Monat auf eine Insel zurück, um dort die tiefe Stille zu erfahren und die Verbindung mit der geistigen Welt zu erleben. Ohne diesen einen Monat würde ich dieses Leben nicht ertragen können. Ich will dann eigentlich auch in einem späteren Leben nicht mehr hierher zurückkommen!" Doch wer so etwas sagt (wobei ich diese Aussage nur zu gut verstehen kann!), wird im Grunde noch vom Egoismus geleitet, der unserem niederen Ich oder Ego entspringt. Bei unserem Höheren Selbst liegt der Fall anders. Unser höheres Ich sagt: „Natürlich komme ich wieder zurück, und zwar so lange, wie mich auch nur ein einziger anderer Mensch auf Erden braucht, um sich geistig weiterentwickeln zu können." Wer also sagt, dass er nicht mehr zu dieser Erde zurückkommen möchte, sagt damit, dass er (zumindest zum gegenwärtigen Zeitpunkt) noch nicht den Schritt vom Ego hin zum Höheren Selbst getan hat.

In der geistigen Welt war es unser höheres Ich, das, bevor wir zur Erde kamen, beschlossen hatte, in der heutigen Zeit zurückzukehren. Aus dem einfachen Grund, weil es Menschen braucht, die Einblick in die großen Geheimnisse dieser Zeit haben und bereit sind, anderen auf ihrem Weg zur Bewusstwerdung beizustehen.

Die Inkarnation in der heutigen Zeit war unsere persönliche Entscheidung

Oft ist es eine Kombination von mehreren Gründen, weshalb wir beschlossen haben, gerade in der heutigen Zeit zur Erde zu kommen. Doch insbesondere diejenigen, die sich dafür entschieden haben, Einblick in das Geheimnis unserer heutigen Zeit zu erwerben, um damit der Menschheit helfen zu können, bekommen in diesem Leben allerhand handfeste Lebenslektionen vorgelegt – damit sie sich bewusst werden, in welcher Zeit wir eigentlich leben. Nichts hilft uns so sehr, uns bewusst zu werden, wie die Lebenslektionen, die uns auferlegt werden. Wer es lernt, die Dinge so zu betrachten, beginnt, den Sinn der dunklen Lebenserfahrungen zu erkennen, mit welchen er konfrontiert wird.

Das Wunderbare daran ist, dass sich viele auf diese Weise automatisch bewusst werden, dass jeder, der Einblick in das Geheimnis unserer Zeit erwirbt und bereit ist, Dienerin oder Diener des Heiligen Geistes zu werden, dadurch auch zum Mitarbeiter des großen Erzengels Michael und des großen Eingeweihten Rudolf Steiner wird. Für viele ist diese Bewusstwerdung außerdem eine Erkenntnis, die mit großer Freude einhergeht. Es ist, als würden sich endlich alle Puzzlestücke ihres Lebens an die richtige Stelle fügen und der Verlauf ihres Lebens plötzlich einen Sinn ergeben, während das Leben ihnen vorher oft so rätselhaft und unverständlich vorkam.

Die sieben Lebensaufgaben

Diejenigen, die ich weiter oben als „Gideonsbund" bezeichnet habe, die Menschen, die Einblick in das Geheimnis unserer heutigen Zeit nehmen und sich bewusst werden, dass sie Mitarbeiter von Michael und Rudolf Steiner sind, könnte man die „Mitgestalter dieser Zeit" nennen. Jeder von ihnen ergreift auf seine ihm eigene individuelle Weise Initiative, um unsere Gesellschaft zu einer Werkstatt des Heiligen Geistes umzuschmieden. Sie helfen ganz bewusst daran mit, den einseitigen Materialismus zu überwinden und ihr ganzes irdisches Leben in das Licht des Heiligen Geistes zu stellen.

Doch um das erreichen zu können, müssen sie immer wieder an sich selbst arbeiten und Erkenntnisse sammeln; denn nur dann finden sie die richtige Lebenseinstellung, den richtigen Lebensplan, der es möglich macht, dass sie auch wirklich zum Mitgestalter werden. Daher widmen sie sich jeden Tag im Stillen den sieben Lebensaufgaben unserer heutigen Zeit. Die sieben Lebensaufgaben – die ich in den folgenden Kapiteln näher beleuchten werde – sind folgende:

1) *Lerne, dich selbst zu behaupten, doch sei dir dabei wohl bewusst, dass dadurch auch dein Egoismus stärker wird.*

2) *Du allein (und kein Priester oder Guru) bist für dein Gewissen verantwortlich.*

3) *Entwickele mit zunehmendem Alter eine spirituelle Lebenseinstellung.*

4) *Erkenne, dass auf dem Weg des geistigen Wachstums auch das Dunkele der Seele nach oben kommt.*

5) *Werde dir des Mysteriums unserer Zeit bewusst.*

6) *Lebe in Verbindung mit der geistigen Welt.*

7) *Arbeite so an dir selbst, dass Christus wie dein Höheres Selbst durch dich wirken kann.*

11.

Die erste Lebensaufgabe:

Lerne, dich selbst zu behaupten, doch sei dir dabei wohl bewusst, dass dadurch auch dein Egoismus stärker wird.

Sich selbst behaupten

Selbstsicherheitstraining gehört heute zum Alltag. Sucht man im Internet, dann stößt man auf verschiedenste Kurse und Trainingsangebote, wo man lernt, die eigenen Grenzen zu schützen oder sich in drei Schritten zu behaupten – in Beziehungen, in der Arbeit oder in der Schule. Andere Kurse haben zum Thema: „Lernen, in der eigenen Kraft zu stehen." Sie bieten beispielsweise Tipps – so schreiben sie – wie man eine stärkere Ausstrahlung gewinnen kann.

Nur wenige wissen, dass all diese Kurse und Trainingseinheiten die direkte Folge des unsichtbaren Werkes von Michael oder der Energien sind, die er uns schickt, um uns zu neuen Schritten in unserer Entwicklung zu inspirieren, die frühere Generationen niemals getan haben und schon gar nicht sinnvoll fanden. Es kam ihnen gar nicht in den Sinn!

Insbesondere für Frauen (oder für das Weibliche in jedem von uns) ist dieser Entwicklungsschritt, zu dem uns Michael herausfordert, schwer. Sie sind von Natur aus einfühlsam und neigen oft dazu, mehr auf den anderen zu achten als auf sich selbst. Doch ob sie wollen oder nicht – Michael setzt auch sie unter Druck und möchte auch ihnen vermitteln, ihre eigenen Grenzen zu ziehen.

Die Entwicklung unserer Bewusstseinsseele und unseres höheren Ichs

Weshalb ist dieser Schritt für Michael so wichtig? Mit welchem Ziel konfrontiert uns Michael auf diese Weise? Es gibt zwei wichtige Gründe:

- Zunächst einmal, weil wir in der heutigen Zeit eine neue Fähigkeit entwickeln müssen, eine neue Seelenqualität – die Fähigkeit des Bewusstseins. In der traditionellen esoterischen Lehre wird das oft als die „Bewusstseinsseele" bezeichnet. Dabei geht es – unter anderem – um die Fähigkeit der Innenschau und darum, im eigenen Inneren Bewusstsein zu entfalten: „Wer bin ich eigentlich? Was sind meine Triebfedern? Was ist meine Lebensaufgabe? Mit welchem Karma werde ich in diesem Leben konfrontiert? Welcher Art sind die Lebenslektionen, die mir auferlegt werden, und was habe ich inzwischen davon gelernt?"

Zu dieser neuen Fähigkeit gehört, dass Michael uns lehren möchte, uns auf uns selbst zu besinnen, nicht nur für andere da zu sein oder nur zu tun, was andere von uns erwarten. Ohne die Lektion des „Sich-selbst-Behauptens" oder des „Schutzes der eigenen Grenzen" werden wir niemals imstande sein, den Weg nach innen zu gehen und unsere Bewusstseinsseele zur Entfaltung zu bringen.

- Der zweite Grund, warum Michael uns diese Lektion erteilen möchte, ist dieser: Wir können nach der Entwicklung unserer Bewusstseinsseele (mit Hilfe des Heiligen Geistes) den Keim unseres Höheren Selbst, unseres höheren Ichs beziehungsweise des inneren Christus zur Entfaltung bringen.

Es ist ganz wichtig, dass wir uns bewusst werden, warum Michael uns diese erste Lebensaufgabe schenkt. Nur dann können wir nämlich das, was uns diese Lektion beibringt, auch auf das anwenden, wofür sie bestimmt ist – nämlich dazu, den Weg nach innen zu gehen und Selbstbewusstsein sowie Selbsterkenntnis zu erwerben. Erst danach wird es möglich, die ersten Regungen der zarten Kräfte des höheren Ichs allmählich in unserer Seele zu erfahren.

Die erste Lektion macht uns egozentrisch

Wir müssen uns dabei jedoch bewusst sein, dass uns die erste Lektion, die Michael uns vorlegt, auch egozentrisch macht. Uns brennt öfter als zuvor „die Sicherung durch", wir explodieren schneller, sind rasch aufgebracht und setzen unseren Kopf viel häufiger durch als früher. Das Befremdliche ist, dass viele Menschen das zwar bei anderen wahrnehmen, nicht jedoch bei sich selbst. Sie klagen über die zunehmende Verhärtung und

Verrohung in der Welt, merken aber nicht, dass sie dabei selbst mitmachen. (Wer das noch nicht bemerkt hat, der muss noch einmal ehrlich und kritisch Selbstschau halten!)

Die Frage ist nun, wie wir diesen zunehmenden Egoismus zügeln können; denn dass er gezügelt werden muss, liegt auf der Hand. Wenn wir es nicht tun, sacken wir ab in eine Welt voller Härte, Verbitterung und Grobheit, in der für die zarten Kräfte der Liebe kaum oder gar kein Platz mehr ist. Doch wie können wir diesen Egoismus dann zügeln? Wir können uns ja den Energien Michaels nicht entziehen. Folglich müssen wir, ob wir wollen oder nicht, lernen, unsere eigenen Grenzen zu setzen und in unsere Kraft zu kommen. Wie können wir bei dieser Entwicklung unseren zunehmenden Egoismus zügeln?

Zuerst einmal durch Erkenntnis. Sie wird uns vermitteln, dass auch wir selbst egozentrischer, ja sogar egoistischer werden und dies gar nicht vermeiden können. Zweitens, indem wir unsere Liebesfähigkeit verstärken – als Gegengewicht zu unserem zunehmenden Egoismus. Doch wie geht das? Indem wir lernen, uns viel bewusster als bisher in den anderen hineinzuversetzen und zu spüren, was wirklich in ihm vorgeht. Darüber hinaus ist es wichtig zu lernen, besser auf den anderen zu hören und uns innerlich bewusst zu machen, was der andere nun wirklich meint und möchte.

Das sind zwei tägliche Lektionen, in welchen sich jeder von uns in der heutigen Zeit ganz bewusst schulen muss: Zu lernen, uns in den anderen hineinzuversetzen, und darauf zu hören, was der andere uns eigentlich sagen möchte.

Der Dekadenz Einhalt gebieten

Wenn wir nur lernen, uns selbst zu behaupten und anderen Grenzen zu setzen, ohne zu erkennen, dass diese Lektion uns egoistisch macht, und ohne diesen Egoismus bewusst zu bekämpfen, gehen wir mit den Energien, die Michael uns schickt, falsch um.

Gerade in der gegenwärtigen Zeit, in der wir überall um uns herum – und in uns selbst! – Verhärtung und Dekadenz wahrnehmen, ist es wichtig zu lernen, wie wir unseren Egoismus zügeln können. Daher wird von uns auch die Bereitschaft gefordert, jeden Tag daran zu arbeiten.

12.

Die zweite Lebensaufgabe:

Du allein (und kein Priester oder Guru) bist für
dein Gewissen verantwortlich

Vom Gruppenwesen über Gesetzesbücher zum Gewissen

Früher waren wir – so wie die Tiere – Gruppenwesen und wurden von der Gruppenseele angeführt, genauso wie das heute noch bei einem Vogelschwarm oder einer Schafherde der Fall ist. Doch als wir uns mehr und mehr zum Individuum entwickelten und die Gruppenseele sich allmählich zurückzog, wurden uns Richtlinien und Vorschriften geschenkt, so dass wir unser Leben an diesen Regeln ausrichten konnten. Das waren beispielsweise die *Zehn Gebote*, die den Juden von Moses übermittelt wurden, sowie *der Kodex von Hammurabi* aus der babylonischen Tradition. Das waren große Geschenke aus der geistigen Welt, die wir auch wirklich nötig hatten, weil wir noch nicht imstande waren, ohne Führung von außen zu leben. Doch nun, in der heutigen Zeit, lernen wir, den Weg nach innen zu gehen, und befreien uns langsam von den Autoritäten, die uns bisher geleitet hatten, wie etwa Priester und andere Geistliche. Daher kann die Führung, die wir in unserem alltäglichen Leben benötigen, nicht mehr länger von außen kommen – sie muss nun von innen, aus unserem Gewissen heraus, erfolgen.

Nicht ohne Grund verlieren die Institutionen, die uns bisher in geistiger Hinsicht geführt haben, nämlich die Kirchen, ihre Vorrangstellung und geraten ins Abseits. Sie gehören noch zur alten Zeit, in der sich die Autoritäten im Äußeren befanden und unser Leben mit Hilfe der *Gebote* lenkten. Nun allerdings ist es unsere Aufgabe, den Weg nach innen zu gehen, um dort, in unserem Gewissen, die geistige Quelle zu finden, aus der wir Anweisungen und Richtlinien für unser tägliches Leben schöpfen können.

Das Gewissen

Doch was ist das Gewissen eigentlich? Wir können das Gewissen in unserem Herzen finden – dort ist es zu Hause. Das Gewissen erwächst aus dem Wissen und den Erkenntnissen, die wir in unseren früheren Leben auf Erden gesammelt haben. Über unser Gewissen wirken hilfreich geistige Wesen, zumindest wenn wir uns für ihre Inspirationen öffnen. Das Gewissen wird daher auch als „Stimme Gottes" bezeichnet, die stille Stimme Gottes in unserem Herzen.

Unser Gewissen hat sich übrigens erst vor etwa 2.000 Jahren entwickelt, als der kosmische Christus zur Erde niederstieg und sich in dem Menschen Jesus von Nazareth verkörperte. Von ihm ging ein bisher nie gekannter, starker Impuls aus, der unter anderem zur Ausbildung unseres Gewissens führte.

Viele denken, dass der Mensch schon immer über ein Gewissen verfügt hat, doch dem ist nicht so. Vor der Ankunft Christi auf Erden waren es geistige Wesen, eben die Engel, die in uns als Gewissen wirkten. Sie verankerten in uns ein Gefühl dafür, was gut und böse ist. Doch das Gefühl und das Gewissen besaßen wir nicht aus uns selbst heraus. Erst durch den Impuls des Christus konnte sich unser Gewissen in uns allmählich ausbilden. Zugleich zogen sich die Engel zurück. Nun verstärken sie „nur noch" – wenn wir es selbst möchten – das, was wir an Gewissenskraft aufgebaut haben.

Das Gewissen wird übrigens als der kostbarste Besitz bezeichnet, den wir in unserem Inneren mit uns herumtragen. Daher ist es wichtig, unserem Gewissen gezielt Aufmerksamkeit zu schenken und es jeden Tag wieder neu zu hegen und zu pflegen.[36]

Das Gewissen pflegen

Unser Gewissen wird in Zukunft – wenn wir uns gut darum kümmern, so dass es sich weiter entwickeln kann – eine besondere Fähigkeit zur Entfaltung bringen. Es geht um die Fähigkeit, unmittelbar, sobald wir etwas tun oder sagen, in Bildern die Auswirkung – die karmischen Folgen – dieser Handlung oder dieser Aussage zu sehen. In der heutigen Zeit gibt es bereits Menschen, die erste Ansätze dieser neuen Fähigkeit spüren, die „eine innere Reflexion" der Worte sehen, die sie anderen zufügen, oder der Taten, die sie ausüben. Sie sehen gleichsam die Folgen davon schon vorab in Bildern vor sich.

Es ist von größter Bedeutung zu erkennen, dass wir jetzt für die weitere Entwicklung unseres Gewissens selbst verantwortlich sind und lernen müssen, ehrlich zu sein und auch keine Halbwahrheiten zu erzählen. Jedes Mal, wenn wir das tun, schmälert dies nämlich die Wirkung unseres Gewissens. Doch wenn wir danach streben, aufrichtig und ehrlich zum anderen und zu uns selbst zu sein, wenn wir es lernen, unsere Habsucht zu zügeln und stärker zu sein als unsere Ängste, kann auch unser Gewissen an Stärke gewinnen. Für die Zukunft wird es lebenswichtig sein, ob wir bereit sind, diese Aufgabe anzunehmen oder sie aus Mangel an Einsicht oder aus Bequemlichkeit vernachlässigen. Wo das geschieht, wird der Mensch (und damit folglich auch die Menschheit) immer wieder Rückfälle in seiner Entwicklung erleiden.

Wenn das Gewissen wirklich so entscheidend für die Zukunft der Menschheit ist – und dieser Ansicht bin ich – dann ist es wahrscheinlich eine gute Idee, diese Fähigkeit und die Art und Weise, wie wir diese stille Kraft in unserem Herzen entwickeln und bewahren können, auch im Bereich der Bildung zu berücksichtigen.

13.
Die dritte Lebensaufgabe:

Entwickele mit zunehmendem Alter eine spirituelle Lebenseinstellung

Die Entwicklung des Menschen

Wir haben bereits festgestellt, dass wir in der heutigen Zeit, da die Kirchen ins Abseits gerückt sind, immer weniger Führung von Geistlichen bekommen. Eine der Folgen davon ist, dass wir lernen müssen, auf eigene Initiative die für uns passenden Einsichten zu finden – und zwar Einsichten, die uns helfen, den richtigen Weg im Leben zu finden. Damit uns dies gelingt, müssen wir zuerst Einblick in die Entwicklungsphasen des Menschen sowie in das bekommen, was er für jede dieser verschiedenen Phasen benötigt. Dann können wir nämlich bewusst und mit Tiefblick die Verantwortung für unsere persönliche Entwicklung auf uns nehmen und uns für das einsetzen, wofür wir in diesem Leben gekommen sind.

Nun berichtet die traditionelle esoterische Lehre, dass der Mensch in seinem Leben verschiedene große Phasen durchläuft:

- *von 0 bis 21 Jahre*: Die Phase der *Entwicklung unseres Körpers* (und zwar unseres physischen Körpers, unseres Ätherleibs und unseres Astralleibs);
- *von 21 bis 42 Jahre*: *Die Entwicklung unserer Seele* (und zwar unserer Fähigkeit des Fühlens, des Denkens und des Wollens);[37]
- *von 42 bis 63 Jahre*: *Die Entwicklung unseres Geistes*.

Die Hüllen des Geistes

In den ersten zweiundvierzig Jahren unseres Lebens (oder in unseren ersten beiden großen Lebensphasen) widmen wir uns also der Entwicklung unseres Körpers und unserer Seele. Es sind die Jahre, in welchen wir uns einen Platz in der Gesellschaft erobern und lernen müssen, uns auf Erden zu Hause zu fühlen.

Etwa um das 42. Lebensjahr herum werden wir – meist unbewusst – vor eine Wahl gestellt: Bleiben wir in der irdischen und materiellen Ebene hängen, die uns inzwischen vertraut geworden ist und in der wir uns unseren eigenen Platz erobert haben, oder wachen wir auf und werden uns bewusst, dass es auch eine geistige Welt gibt, die unsere Aufmerksamkeit verlangt. Dieses „Erwachen" haben wir dem Geist zu verdanken, der von diesem Moment an in uns Stück für Stück ein wenig wirksamer werden möchte. Wir können es auch so formulieren: Rund um unser 42. Lebensjahr herum sind die Hüllen von Körper und Seele ausgereift, und der Geist kann sich nun mit diesen beiden Hüllen einkleiden und auf Erden wirksam werden. Anders ausgedrückt: Rund um das 42. Lebensjahr herum (beim einen früher, beim anderen etwas später) werden die Energien des Geistes in uns aktiv. Genau diese Geisteskräfte sind es, die uns ganz allmählich zu einer anderen Denk- und Lebensweise führen.[38]

Die Jahre rund um unser 42. Lebensjahr sind daher wirklich die Jahre einer echten Midlife-Crisis – eine Zeit großer Wandlung.

Der Scheideweg in der Lebensmitte

Wer sich der großen Aufgabe bewusst ist, die uns ab dem 42. Lebensjahr anvertraut wird, und wer sich ab diesem Moment für den Geist öffnet, der in ihm wirksam ist, der wird, wie wir festgestellt haben, das Leben allmählich anders betrachten. Er lernt, hinter die äußeren Dinge zu blicken; oder er beginnt, hellsichtig zu werden und immer tiefer von innen heraus zu wissen. Er wird sich dadurch auch einer unsichtbaren, verborgenen Welt bewusst, der geistigen Welt. Er wird allmählich zum Wissenden.

Doch wer sich in dieser Phase seines Lebens nicht dieser Aufgabe widmet, läuft Gefahr, enttäuscht, verbittert und unzufrieden zu werden. Leider sehen wir allzu oft ältere Menschen in unserem Umfeld, die hart und verbittert geworden sind. Es sind die Menschen, die nicht verstanden haben, dass bis zum 42. Lebensjahr eine materialistische Lebenseinstellung gut und sinnvoll war, dass jedoch nach unserem 42. Lebensjahr eine andere Denk- und Betrachtungsweise von uns gefragt ist. Es wird uns Enttäuschung, Verbitterung und Groll überkommen, wenn wir die Lebensaufgabe nicht erfüllen, die zu einer bestimmten Lebensphase gehört. Nicht umsonst ist die Selbstmordrate in der Gruppe der Männer ab siebzig Jahren und darüber am höchsten. Sie werden immer enttäuschter und verbitterter, weil sie rund um das 42. Lebensjahr herum ihr Leben nicht verändert und keine spirituelle Entwicklung gesucht haben, sondern in einer Ebene der Hab- und Besitzsucht und auf der Suche nach Sicherheit und Halt auf der Ebene der Materie hängen geblieben sind.

Es ist daher äußerst wichtig, dass wir Einblick in die Entwicklung des Menschen bekommen, so dass wir die Lebensaufgabe erfüllen können, die zur betreffenden Lebensphase gehört, die wir gerade durchlaufen.

Die geistige Lebenseinstellung des älter werdenden Menschen

Unsere zweite Lebenshälfte stellt uns also vor die Aufgabe, uns der geistigen Welt bewusst zu werden. Das bedeutet, dass der suchende Mensch dadurch auch eine Antwort auf die Frage nach dem Tod findet. Der Tod bedeutet nicht das Ende, sondern den Übergang in eine höhere, andere, geistige Form des Lebens. Diese Antwort erwacht langsam als innere Gewissheit. Das Geschenk des Geistes, der wirksam wird.

Auch wird sich der Mensch mit zunehmendem Alter – durch die immer stärker werdenden Kräfte des Geistes – der Tatsache bewusst, dass ihn andere Menschen brauchen. Nicht nur seine Mitmenschen, auch die Erde braucht ihn. Insbesondere nach dem 63. Lebensjahr wird der alternde Mensch immer mehr zum gebenden Menschen und bleibt nicht länger ein nehmender Mensch. Nicht umsonst wissen viele Organisationen mit wohltätigen Zielen, dass sie sich mit ihren Spendenaufrufen besonders an ältere Menschen wenden müssen – weil der ältere Mensch, dank des Geistes in ihm, nun ein gebender Mensch geworden ist.

Eine neue Bewusstwerdung

Nach dem 63. Lebensjahr, wenn der Geist – soweit das möglich ist – ausgereift ist, wird der Mensch zum besonders starken Kanal für die Energien, die aus der geistigen Welt zur Erde strömen. Er wird insbesondere in dieser Lebensphase zum Kanal für die heiligen Energien von Michael; und mit diesen Energien kommt beim älteren Menschen eine bestimmte Bewusstwerdung in Gang:

- Er wird sich seines Karmas bewusst: „Aha, deshalb bin ich also zur Erde gekommen!"
- Er sieht seine Lebensaufgabe klarer: „Ich bin also auf die Erde gekommen, um genau DAS zu lernen und zu geben."
- Er wird sich seines geistigen Gewinnes in diesem Leben bewusst: „Das ist der geistige Gewinn – die Einsicht, die Lektion, die ich auf Erden gelernt habe – die ich bald, nach meinem Tod, in die geistige Welt mitnehmen werde."

Wer auf diese Weise alt wird, wird zum Menschen, der für andere ein Geschenk ist. Verbitterung und Verhärtung haben bei ihm keine Chance, weil er in seiner zweiten Lebenshälfte seine Lebensaufgabe auf die richtige Weise erfüllt hat.

14.

Die vierte Lebensaufgabe:

Erkenne, dass auf dem Weg des geistigen Wachstums auch das Dunkle der Seele nach oben kommt

Das Licht des Gewissens enthüllt das Dunkle

Je stärker unser Gewissen in uns zu wirken beginnt, desto deutlicher kommen unsere dunklen Flecken, unsere Schwächen und die Unzulänglichkeiten unserer Seele zutage. Es ist, als würden durch das Licht des Gewissens, das in unserem Herzen und in unserer Seele zu erstrahlen beginnt, auch die Schatten stärker werden. Und dem ist natürlich auch so: Licht enthüllt immer das Dunkle. Also auch beim Menschen, der sein Leben dem Ziel verschrieben hat, sich in diesen sieben Lebensaufgaben zu üben. Das bewirkt ein geistiges Wachstum, das uns einerseits strahlender macht und das Licht in unseren Augen – und folglich auch in unserer Seele – immer heller scheinen lässt, zugleich aber auch das Dunkle in uns, unseren Schatten, enthüllt.[39]

Die Frage ist nun, wie wir mit diesem Dunklen umgehen. Wir haben alle die Tendenz, das Dunkle in uns selbst zu leugnen und anderen oder den Lebensumständen die Schuld zuzuschieben. Sobald eine dunkle Seite von uns ans Licht kommt, neigt unser

Ego dazu, etwas in der Art zu sagen wie: „Ich habe nicht die Wahrheit gesagt, weil ich diejenige oder denjenigen in Schutz nehmen wollte." Oder Sätze wie: „Ich bin gegen den Baum gefahren, aber das war, weil es so dunkel war und da keine Laterne stand." Vielleicht äußern wir uns auch folgendermaßen: „Ich habe vergessen, die Bestellung abzuholen, wie ich zugesagt hatte. Der Grund liegt darin, dass ich leichtes Fieber hatte." Wir (unser Ego) sind ganz gut im Ausdenken von Ausflüchten für die Fehler, die wir machen.

Doch wenn wir allmählich lernen, auf unser höheres Ich (oder den Heiligen Geist) zu hören und nicht auf unser Ego, dann schieben wir die Schuld nicht mehr einem anderen oder den Umständen zu, sondern wagen es, ehrlich Innenschau zu halten und uns bewusst zu werden, dass es noch einiges zu tun gibt, bevor wir alles Dunkle gereinigt und verwandelt haben. Die Goldene Regel lautet: Erst wenn etwas ans Licht kommt, kann es umgewandelt und geheilt werden. Erst wenn wir das Dunkle in uns selbst erkennen, kann der Prozess der Verwandlung und des geistigen Wachstums beginnen.

Unverarbeitete Lebenserfahrungen

Doch nicht nur unsere verdrängten Schwächen, Fehler und Instinkte kommen ans Tageslicht, während unser Gewissen an Kraft gewinnt, auch unsere unverarbeiteten Lebenserfahrungen kommen nach oben und dringen in unser Bewusstsein durch. Das zunehmende Licht des Gewissens enthüllt ja auch das Dunkle. Das bedeutet, dass wir auch in dieser Hinsicht innerlich zur Arbeit aufgerufen werden: Damit wir im Nachhinein noch einmal durchleben, was wir früher verdrängt haben, weil es damals so schmerzhaft war und wir uns nicht imstande sahen, diese Ohnmacht, diesen Schmerz und Kummer loszulassen.

Der Prozess, der dann beginnt, wird gern mit einem Zahnarztbohrer verglichen: Immer wieder kommen Erinnerungen nach oben, immer intensiver und tiefer als vorher, und jedes Mal wieder spüren wir den Schmerz und den Kummer, die dabei freiwerden. Wenn wir dann denken, dass wir diesen Prozess endlich abgeschlossen haben, kommen die alten Bilder wieder nach oben, und es beginnt eine neue, noch schmerzhaftere Runde mit dem Zahnarztbohrer. Ein Prozess, der so lange weitergeht, bis wir imstande sind, den alten Schmerz auch wirklich loszulassen und uns auf die Zukunft zu konzentrieren statt auf die Vergangenheit.

Das dunkle Tor der Einsamkeit

So betrachtet, haben es Menschen, die bereit sind, an sich selbst zu arbeiten, eher schwerer als leichter. Sie führen einen Kampf mit den Dämonen in ihrer eigenen Seele – so hat jemand einmal die Schwächen, Instinkte und Erinnerungen bezeichnet, die begannen, in ihm aufzusteigen, während das Licht seines Gewissens immer stärker erstrahlte. Durch diesen inneren Kampf fühlen sich Menschen, die an sich selbst arbeiten, oft unausgeglichen und unruhig, spüren aber zugleich auch, dass sie diese Gefühle nicht mit anderen teilen können. Das bedeutet, dass ihr Gefühl der Einsamkeit immer stärker wird.

Das Gefühl der Einsamkeit empfanden sie ohnehin schon, denn wer bewusst und mit ganzem Herzen an sich selbst arbeitet, geht dabei einen Weg, der ungewöhnlich ist und den nur wenige verstehen. Wenn dann auch noch die Erfahrung hinzukommt, dass es nahezu unmöglich ist, diesen inneren Prozess mit anderen zu teilen, wird das Gefühl der Einsamkeit fast unerträglich. Sie ist gleichsam das dunkle Tor, das jeder Mensch durchschreiten muss, der sich geistig weiterentwickeln und den Lebensaufgaben widmen möchte, die die heutige Zeit uns vorlegt und wofür wir ganz offensichtlich auf die Erde gekommen sind.

Eine wachsende innere Sensibilität

Wer es jedoch wagt, durch dieses dunkle Tor zu schreiten, und wer die Einsamkeit aushält, wird Schritt für Schritt davon profitieren. Die innere Sensibilität wächst. Es ist, als würde das heller werdende Licht des Gewissens neue Einblicke enthüllen, so dass man beispielsweise auf einmal beginnt, den Sinn des eigenen Lebens besser zu erkennen. Eines Tages weiß man plötzlich, ohne einen Beweis dafür zu haben, dass eine geistige Welt existiert. Man weiß, woher wir kommen und wohin wir nach unserem Tod wieder zurückkehren werden. Man beginnt ab und zu, sich der stillen Hilfe aus jener Welt bewusst zu werden. Doch dies alles geschieht auf eine Art und Weise, die man anderen nicht oder kaum erklären kann. Man weiß von diesem Moment an mit unerschütterlicher Gewissheit: Ich bin nicht allein. Es gibt Wesen (Verstorbene und Engel), die immer für mich da sind.

Wenn das eigene Wachstum noch weiter voranschreitet, kann es geschehen, dass Bilder oder Ausschnitte von Bildern nach oben steigen, die unerwartet und meist ohne dass man es gezielt darauf angelegt hatte, etwas aus einem früheren Leben zeigen. So hebt sich der Schleier auch bis in die entferntere Vergangenheit zurück zu dem Menschen, der man in früheren Inkarnationen war.

Das ist aber noch nicht alles, denn wer dieses geistige Wachstum und diese spirituelle Entwicklung in sich selbst erlebt, erkennt eines Tages auch, mit der gleichen Gewissheit, dass nichts, was auf Erden geschieht, sinnlos ist – und folglich auch nicht das Chaos in unserer heutigen Zeit. Man erfährt auch, dass die Wirrnisse, durch die man selbst hindurchgehen musste, nicht sinnlos waren, sondern dazu geführt haben, dass man auf wundersame Weise in großer Tiefe davon profitiert hat.

Ein wärmender Mantel

Wenn diese innere Sensibilität in uns erwacht, werden wir lernen müssen, sie gut zu hüten, so dass sie nicht im Lärm, in der Aggression und in der Hektik, die unsere Zeit kennzeichnen, in die Brüche geht. Hüten Sie sie, indem Sie regelmäßig die Stille suchen und durch Gebete, Meditation und Schweigen die Verbindung mit der geistigen Welt aufrechterhalten. Hüten Sie diese Sensibilität mit allem, was in Ihnen ist, denn dann werden Sie aus der anderen Welt berührt werden – und Sie werden sich darüber hinaus der Liebe bewusst, die aus jener Welt zu Ihnen kommt und Sie umhüllt wie ein wärmender Mantel.

15.

Die fünfte Lebensaufgabe:

Werde dir des Mysteriums unserer Zeit bewusst

Zweimal inkarniert

Der kosmische Christus, der in der Bibel als „Logos" bezeichnet wird, ist ein hohes göttliches Wesen. Unvorstellbar groß ist die Schöpferkraft, die von ihm ausgeht.[40] Aus schwindelerregend hohen, erhabenen geistigen Welten stieg der Logos in ferner Vergangenheit zuerst hinab in die geistige Sphäre der Sonne und „inkarnierte" dort im geistigen Wesen des Erzengels der Sonne.[41] Von diesem Moment an wurde er „Sonnengeist" genannt.

Von der Sonne stieg der Sonnengeist dann zur Erde hinab. Als dann der größte der Menschen, der so erhabene und besondere Jesus von Nazareth, im Jahr 30 im Jordan getauft wurde, inkarnierte sich der Sonnengeist in ihm. Die Taufe von Jesus im Jordan – vollzogen von Johannes dem Täufer – war das Ritual, durch das diese Inkarnation verwirklicht werden konnte. Seit diesem Geschehen wird Jesus von Nazareth meist als „Jesus (der) Christus" bezeichnet, der Träger des Sonnengeistes.[42]

Die Tatsache, dass Christus zweimal „inkarnieren" musste, um auf die Erde herabzusteigen – zuerst im Erzengel der Sonne und danach im Menschen Jesus von Nazareth – ist nicht so merkwürdig, wie es vielleicht scheint. Ein menschlicher Körper hätte die unvorstellbar großen geistigen Kräfte des Christus niemals ertragen können. Daher war ein „Zwischenschritt" nötig. Die Verbindung mit dem Erzengel der Sonne. Es gab keinen anderen Menschen als Jesus von Nazareth, der ausreichend entwickelt war, um die hohen geistigen Kräfte des Erzengels der Sonne ertragen zu können. Nur durch diesen besonderen Menschen, Jesus, konnte der kosmische Christus auch wirklich auf die Erde herabsteigen und sich verkörpern.

Die Geburt des Höheren Selbst in uns

Was damals, vor 2.000 Jahren, mit dem Menschen Jesus von Nazareth als Vorreiter für die Menschheit geschah, wird einmal mit allen Menschen geschehen, die sich für dieses Mysterium öffnen: Der Christus wird in ihnen geboren, um ihnen diesen Impuls zu geben, den sie für ihre geistige Entwicklung benötigen. Jesus von Nazareth durfte dies als Erster erleben. Doch nur, weil er bereit war, seine Aufgabe wirklich bis zur letzten Konsequenz, mit dem Kreuzigungstod und der anschließenden Auferstehung, zu erfüllen, wurde dieses Mysterium für alle Menschen möglich.

2.000 Jahre sind seitdem vergangen. Aus geistiger Sicht waren es Jahrhunderte der Vorbereitung. Der Mensch musste so vorbereitet werden, dass einerseits eine Verbindung zwischen dem Herzen und der Seele des individuellen Menschen und andererseits ein Kontakt zum kosmischen Christus hergestellt werden konnte. Um diese Verbindung zu ermöglichen, war beispielsweise die Entwicklung unseres (Selbst-) Bewusstseins und unserer Bewusstseinsseele nötig. Diese neue Seelenfähigkeit stellt die geistige Energie zur Verfügung, die imstande ist, sich der hohen Kraft des Christus bewusst zu werden und diese langsam und schrittweise in sich aufzunehmen. Daher wird unser Bewusstsein oder unsere Bewusstseinsseele auch als „Hülle" des inneren Christus bezeichnet, der in uns geboren werden möchte.

Folglich ist es jetzt, in unserer heutigen Zeit, der Heilige Geist, der eine Verbindung zwischen unserer Bewusstseinsseele und unserem Höheren Selbst oder dem inneren Christus herstellt, der zurzeit noch außerhalb unseres Körpers schwebt.

Unsere Zeit ist die Zeit, in der der Uranstoß für dieses Mysterium, unsere innere Verbindung mit dem kosmischen Christus, möglich wird. Im esoterischen Christentum geht es folglich darum, dass der Heilige Geist in der heutigen Zeit eine höhere und tiefere Kraft in uns zum Leben erwecken möchte – eine Kraft, die mit vielen verschiedenen Namen und Bezeichnungen angedeutet wird: Unser Höheres Selbst, unser höheres Ich, der Geist, der innere Christus oder welche anderen Bezeichnungen und Namen auch immer man gebrauchen mag. Die Unruhen unserer heutigen Zeit, das Chaos, die Ängste und die zunehmende Verwirrung sind die Geburtswehen dieses Mysteriums.

Der ätherische Christus

Nun wird, so hoffe ich, auch klar, warum man in unserer heutigen Zeit immer mehr Berichte über Christus-Erscheinungen hört und warum so viele Menschen innere Erfahrungen mit ihm machen. Für manche ist es, als würden sie in ihrem Inneren seine Stimme hören. Andere fühlen sich so berührt, dass sie sofort und mit tiefer Ehrfurcht und Respekt wissen – das ist ER. Auf subtile Weise erfahren Menschen ganz unterschiedlich seine Nähe und seine Gegenwart. Doch beinahe immer ist diese Erfahrung so einzigartig, dass es nahezu unmöglich ist, sie mit anderen zu teilen. Das – und die Skepsis unserer Zeit gegenüber spirituellen Erfahrungen – sind die Gründe, weshalb so zurückhaltend über das Erscheinen Christi gesprochen wird.

In Kapitel 7 habe ich bereits die Ankunft des ätherischen Christus (der Christus, der in einen Ätherleib, nicht in einen physischen Körper eingehüllt ist) angesprochen. Ich habe auch beschrieben, wie ihm ab dem Zweiten Weltkrieg immer mehr Menschen begegnen dürfen. Manche nehmen dabei seine ätherische Gestalt in Form einer strahlenden Lichtgestalt wahr, andere sehen ihn als durchsichtiges Wesen, wieder andere als „ganz normalen Menschen". Doch nahezu immer ist es so, dass derjenige, dem dies zuteil wird, direkt weiß – das ist ER. Leider beginnt der rationale Verstand dann bei vielen so zu arbeiten, dass sie zu sich selbst sagen: „Das kann ich wirklich nicht gespürt oder gesehen haben. Das muss wohl eine Täuschung oder eine Halluzination gewesen sein. So muss es sein, denn was kann es anders sein?" Das ist bedauerlich, denn es bedeutet, dass sie die allerwichtigste Erfahrung ihres Lebens wegrationalisieren. Sie kann dann nicht in ihrer Seele und in ihrem Herzen aktiv und damit auch nicht zum Auslöser einer tiefgreifenden und alles verändernden Umwandlung werden.

Die wichtigste Lebenserfahrung

Rudolf Steiner berichtete, dass im bevorstehenden dritten Jahrtausend immer mehr Menschen derartige Erfahrungen machen werden. Wenn sie diese ernst nehmen und nicht wegrationalisieren, wird diese Erfahrung den Beginn einer entscheidenden Verwandlung einläuten. Das Ego oder das niedere Selbst – und damit der Egoismus – werden nicht mehr länger die treibende Kraft in ihrem Leben sein, sondern es wird die Kraft des höheren Ichs – und damit die Kraft der wahren Liebe – in ihnen wirksam werden und in ganz kleinen Schritten, Leben nach Leben, zur führenden Kraft in ihrem Dasein werden.

Nicht jeder wird gleich in dieser Inkarnation eine Begegnung mit dem ätherischen Christus erleben. Doch wenn dies nicht in diesem Leben geschieht, dann gewiss in einem der folgenden, zumindest wenn wir für diese Erfahrung offen und uns ihrer bewusst sind. Daher finde ich es so wichtig, über diese Erfahrung zu berichten; damit wir aus Unwissen und Unverständnis heraus nicht achtlos daran vorbeileben und dadurch den allerwichtigsten Impuls, den wir in diesem Leben bekommen können, in unserer Seele verdörren lassen.

Für diejenigen, die diese Erfahrung in ihrem Leben noch nicht machen durften: Seien Sie sich gewiss, dass in diesem Fall der unerfüllte Wunsch nach einer Begegnung mit dem ätherischen Christus bei unserem Tod in Erfüllung gehen wird. Dann werden wir ihn an der Schwelle des Todes sehen und unsere Hand in die seine legen dürfen – und er wird es sein, der uns über die Schwelle trägt!

16.

Die sechste Lebensaufgabe:

Lebe in Verbindung mit der geistigen Welt

Eine bleibende Verbindung mit Verstorbenen

Das Einzigartige an unserer heutigen Zeit ist (wie wir bereits festgestellt haben), dass die geistige Welt langsam zugänglich wird und dadurch immer mehr Menschen Erfahrungen mit der geistigen Welt machen. Es ist wichtig, diese Erfahrungen zu verstehen und ihnen einen Platz in unserem Innenleben einzuräumen. Ich möchte die wichtigsten dieser Erfahrungen aufzählen:

- *Die Verbindung mit unseren lieben Verstorbenen wird stärker.* Wenn wir uns innerlich dafür öffnen, spüren wir immer wieder ihre Hilfe und erleben regelmäßig ihre Anwesenheit – manchmal sogar so intensiv, dass man fast den Eindruck hat, der andere stehe neben uns im Zimmer. Das gilt insbesondere für die Verstorbenen, mit welchen wir uns in tiefer Liebe verbunden fühlen. Die Liebe ist in der geistigen Welt immer wieder die Kraft, die uns zusammenführt. Für die Verstorbenen, zu welchen wir keine tiefere Verbundenheit spüren, gilt dies kaum. Hier gibt es keine Liebe, welche die Verstorbenen immer wieder zu uns führt, und auch keine Liebe von unserer Seite, die sie zu uns hinzieht.

Wir erkennen an dieser Stelle, wie die bleibende Verbindung mit unseren lieben Verstorbenen fortwährend neue Entwicklungen gebiert. Damit meine ich, dass neue Erfahrungen möglich werden, die vorangegangene Generationen noch nicht gemacht haben. Der Schleier hebt sich immer weiter. Man denke beispielsweise an die Tatsache, dass es immer mehr Hinterbliebene gibt, die während der ersten Tage oder Wochen nach dem Tod eines geliebten Menschen eine tiefe Freude verspüren, fast wie eine Euphorie oder eine Ekstase. Das rührt daher, dass sie ein wenig an dem teilhaben dürfen, was der Verstorbene erlebt, der voller Freude die geistige Welt betritt und dort mit so viel Liebe umhüllt und empfangen wird.[43] Es ist so, als würden wir in unserer heutigen Zeit den Verstorbenen ein kleines Stück des Weges auf seiner Reise begleiten und dadurch einen Hauch von dem miterleben dürfen, was der Verstorbene erlebt. Dies ist ein relativ neues Phänomen in der Hinsicht, dass uns in den letzten Jahren erstmals so viele Menschen, unabhängig voneinander, über unterschiedlichste Erfahrungen dieser Art berichtet haben.

- *Uns bleibt nach wie vor die Verantwortung für unsere lieben Verstorbenen.* Für den Verstorbenen ist es wichtig, erfahren zu dürfen, dass seine Lieben, die Hinterbliebenen, noch immer voller Liebe und Wärme an ihn denken. Ihre Liebe gibt ihnen Kraft und inspiriert sie auf ihrem weiteren Weg durch die geistige Welt. Ein Verstorbener erlebt es auch wirklich als Entbehrung und als kalte Wolke, die ihn umhüllt, wenn die Hinterbliebenen ihn innerlich loslassen, weil sie denken: „Tot ist tot, und nach dem Tod ist keine Verbindung mehr möglich." Wir müssen daher erkennen, dass wir weiterhin die Verantwortung für unsere lieben Verstorbenen behalten, um die Verbindung mit ihnen in Ehren zu halten – auch wenn dies natürlich auf eine andere Weise geschieht als früher, als sie noch mit uns auf der Erde lebten!

- *Die Verbindung mit den Engeln wird spürbar.* Es gibt verschiedene Erfahrungen, die uns spüren lassen, dass wir im Leben nicht allein dastehen, sondern stille Hilfe aus der geistigen Welt erhalten – die Hilfe der Engel. Doch nur zur Erinnerung: Es sind Erfahrungen, die für diejenigen überzeugend sind, die diese machen, aber an andere nicht oder nicht überzeugend weitergegeben werden können. Es lassen sich nämlich kaum passende Worte finden, womit wir diese Erfahrungen zum Ausdruck bringen können. Wie soll man über einen Zufall erzählen, der gar kein Zufall ist, sondern das stille, unsichtbare Werk von Engeln verrät? Wie soll man über Eingebungen und Impulse sprechen, von welchen man spürt: Sie kommen nicht von mir, sondern aus höheren Sphären? Wie kann man diese ganz tiefe Ruhe beschreiben, die man in Krisensituationen erfahren hat und niemals mehr vergessen wird, weil sie so beeindruckend war? Eine Ruhe, bei der man spürte – sie wurde mir geschenkt. So gibt es so viele Erfahrungen, die immer wieder auf die Hilfe der Engel aus der geistigen Welt hinweisen. Tragisch steht es um den Menschen, der sich zeitlebens dieser Hilfe nicht bewusst wird: Er versäumt eine der wichtigsten Lebensaufgaben, die uns in diesem Leben und in dieser Zeit gestellt werden.

- *Die Verbindung zum Erzengel Michael.* Wo Menschen sich bewusst werden, was unsere Zeit so besonders macht, und sie Einblick in das bekommen, was sich hinter allem Sichtbaren abspielt, ist es Michael, der ihnen diese Geschenke der Erkenntnis zur Verfügung stellt. Wo Menschen sich berufen fühlen, an der Verwandlung unserer Gesellschaft mitzuwirken, schenken sie – bewusst oder unbewusst – dem Aufruf Michaels Gehör, zu seinem Mitarbeiter zu werden. Sie erhalten den Ehrennamen „Michaelit" und bilden alle gemeinsam den Kanal, durch den Michael seine Impulse hier auf der Erde in die Wirklichkeit umsetzen kann. Je mehr wir uns unserer inneren Verbindung zu Michael bewusst werden, desto stärker können seine Impulse in und durch uns hindurch wirksam werden.

- *Die wachsende Verbindung zu Christus.* In den vorangegangenen Kapiteln schrieb ich, dass dies die Zeit ist, in welcher der kosmische Christus von außen auf uns zukommt und zugleich innerlich in uns spürbar wird. Die wichtigste Lebensaufgabe unserer Zeit besteht darin, uns dieser Verbindung bewusst zu werden und sie mit einer tiefen inneren Freude und Dankbarkeit zu hüten.

Wer da hat, dem wird gegeben werden

Je mehr wir uns der Verbindung mit der geistigen Welt (und folglich auch mit den Verstorbenen, den Engeln, dem Erzengel

Michael und dem kosmischen Christus) bewusst werden und diese voller Freude und Dankbarkeit in unseren Herzen hegen und mit uns tragen, desto mehr lernen wir automatisch, hinter die Dinge zu blicken: Wir werden zu Sehenden und Wissenden. Es ist ein Geschenk, das uns von der geistigen Welt zuteil wird, weil wir uns mit jener Welt innerlich verbunden haben.

Durch dieses Geschenk werden auch die Kräfte unserer Bewusstseinsseele aktiviert. So kommt es, dass wir spüren, wie die Kraft unseres Gewissens wächst. Auch in dieser Hinsicht gilt das alte esoterische Gesetz (das auch von Jesus in der Bibel zitiert wird): „Wer da hat, dem wird gegeben werden.“[44] Wir müssen uns zuerst selbst ans Werk machen und uns auf die Geschenke vorbereiten, die uns aus der geistigen Welt gegeben werden. Wenn wir diese Vorbereitung unterlassen, können die Geschenke uns nicht übergeben werden.

17.

Die siebte Lebensaufgabe:

Arbeite so an dir selbst, dass Christus wie dein Höheres Selbst durch dich wirken kann.

Der Einweihungsweg oder der Weg des geistigen Wachstums

Die Beschreibung der siebten Lebensaufgabe entlehne ich einem Brief von Paulus, dem großen Apostel, der so vieles zur weltweiten Verbreitung des Christentums beigetragen hat. In einem Brief an eine kleine Gruppe von Anhängern in Galatien – einem Landstrich in der heutigen Türkei – schrieb er über die Essenz des Christentums. Dabei ging es ihm um die Frage: „Worum geht es eigentlich bei dieser neuen Religion?" Zur Beantwortung dieser Frage zieht er sein eigenes Leben als Beispiel heran.

Er beginnt mit den Worten: „Ich bin mit Christo gekreuzigt."[45] Was meint er mit diesen Worten? Denn wörtlich genommen stimmt dies natürlich nicht: Paulus wurde nicht, wie Jesus Christus, auf Golgatha gekreuzigt. Im Gegenteil: Er lief, als er diese Worte schrieb, noch immer frei herum, auch wenn er schon verschiedene Male im Gefängnis gesessen hatte. Was möchte uns Paulus dann mit diesen Worten sagen? Dass er aus Liebe zu Christus einen Weg des geistigen Wachstums gegangen ist. Es war kein einfacher Weg – im Gegenteil. Auf diesem Weg wurde sein altes Ich, sein Ego, Stück für Stück gekreuzigt, so lange, bis sein Ego letztendlich gestorben war, so lange, bis Paulus nicht mehr all den Trieben und Neigungen seines Egos unterworfen, sondern es ihm gelungen war, dass sich seine Ego-Kräfte dem Willen seines Höheren Selbst beugten.

Das bedeutet, dass für Paulus die Essenz des Christentums folgende ist: *Den Einweihungsweg*, oder *den Weg des geistigen Wachstums, zu gehen* – einen Weg, auf dem ein heftiger Kampf mit dem Ego entbrennt. Unser Ego will selbst die Macht haben und alles so regeln, wie unser Ego das für gut und richtig befindet; was auch immer das für andere bedeuten mag. Doch wenn wir lernen, unser Ego schrittweise immer mehr einzubinden und ihm beizubringen, seine Macht abzutreten, entsteht in unserer Seele Raum für eine höhere Kraft: die Kraft Christi. Der Einweihungsweg ist folglich ein Weg, auf dem wir lernen, nicht mehr länger der Sklave unseres Egos zu sein, sondern umgekehrt unserem Ego beizubringen, uns gehorsam zu sein.

Daher kann Paulus im zweiten Teil seiner Aussage Folgendes schreiben: „(Ich bin mit Christo gekreuzigt). Ich lebe aber, doch nun nicht ich, sondern Christus lebt in mir." Da sein Ego (oder sein niederes Ich) seine Macht abgegeben hat, kann die höhere Kraft Christi durch ihn hindurchwirken – die Kraft seines Höheren Selbst, sein höheres Ich, der Geist in ihm, der innere Christus.

Folglich ist es das große Ziel des Einweihungsweges, dass wir in unserer Entwicklung einmal so weit vorankommen, dass Christus auch durch uns wirken und sprechen kann, so wie Paulus das auf seine so ganz eigene, einzigartige Weise in Worte kleidet.

Ein unzeitig Geborener

Im selben Brief an die Galater formuliert Paulus dieses Mysterium auch noch auf andere Weise: „Da es aber Gott wohl gefiel
(...), dass er seinen Sohn offenbarte in mir ..."⁴⁶ Auch bei dieser
Aussage kommen wir zur selben Erkenntnis, dass nämlich die
Essenz unseres Lebens in dem Mysterium liegt, Christus allmählich immer mehr durch uns wirken und sprechen zu lassen.
Unser ganzes Leben und alles, was wir tun, denken und sagen,
sollte auf dieses Geheimnis ausgerichtet sein.

Nun ist es eigentlich etwas ganz Besonderes, dass Paulus dies
bereits zu seinen Lebzeiten erfahren konnte. In der Tat war es
damals kaum möglich, weil der Mensch seinerzeit nicht ausreichend auf dieses Mysterium vorbereitet war. Die Menschen
mussten zu jener Zeit erst noch lernen, ihre Bewusstseinsseele
zu entwickeln, und zwar in dem Maße, dass diese zum Träger
ihres Höheren Selbst oder ihres inneren Christus werden konnte. Zu Lebzeiten von Paulus musste die Entwicklung der Bewusstseinsseele erst begonnen werden. Ein Prozess, der ab dem
Jahr 1413 nach Christus einen neuen Impuls erhielt.

Doch warum war Paulus dann trotzdem imstande, den inneren Christus in sich aufzunehmen? Weil er, wie er schrieb, „ein
unzeitig Geborener" war.⁴⁷ Weil er schon weit vor der übrigen
Menschheit dazu imstande war, seine Bewusstseinsseele so weit
zu entwickeln, dass Christus (oder sein Höheres Selbst) darin
wirksam werden konnte. Er war also jemand, der seiner Zeit
weit voraus war – ein unzeitig Geborener (wie die esoterische
Umschreibung dieses Geheimnisses lautet).

Ein Pfahl ins Fleisch

In einem anderen Brief – im zweiten Brief an die Korinther – erzählt Paulus, dass er an bestimmten Erscheinungen leidet, die er einfach nicht näher beschreiben kann. Er umschreibt diese Beschwerden aber mit der Bezeichnung „ein Pfahl ins Fleisch".[48] Er betont außerdem, dass er gehörig darunter leidet. Er vergleicht es mit „des Satans Engel, der mich mit Fäusten schlägt".[49]

Es ist schon verständlich, dass Paulus die Marterqualen, unter welchen er leidet, nicht näher umschreiben kann: Seine Zeitgenossen hätten es nicht verstanden. Wir hingegen sind heute sehr wohl dazu imstande. Was Paulus hier andeutet, ist die negative Seite der Entwicklung unserer Bewusstseinsseele. Was passiert, wenn wir beginnen, uns selbst bewusst zu werden und lernen, den Weg nach innen zu gehen? Dann beginnen wir, uns einsam zu fühlen. Es ist ja ein Weg, den man allein gehen muss, den man nicht oder kaum mit anderen teilen kann. Einsamkeit ist daher auch das große Leid unserer heutigen Zeit – ein Gefühl, unter dem viele zu leiden haben.

Die Entwicklung unserer Bewusstseinsseele, die im Jahre 1413 nach Christus begann, dauert bis zum Jahr 3573 nach Christus. So lange bekommen wir Zeit, um uns diese neue Seelenqualität anzueignen. Das bedeutet, dass jeder von uns, ob wir uns dessen nun bewusst sind oder nicht, mit Lebenslektionen konfrontiert wird, die zum Ziel haben, diese neue Qualität auch in unserer Seele zu wecken. Meist sind das schmerzhafte Lebenslektionen, weil wir daran nun einmal am meisten lernen und uns am schnellsten bewusst werden. Doch diese Lektionen bringen eine große Einsamkeit mit sich – daran lässt sich nichts ändern.

Eine sinnvolle Einsamkeit

Paulus hat sich zu seiner Zeit nicht von dieser Einsamkeit abschrecken lassen. Er hat sie Tag für Tag durchgestanden – und das war eine schwere Prüfung! Wir können jetzt, in unserer heutigen Zeit, erkennen, warum wir mit dieser Einsamkeit konfrontiert werden und diese Erkenntnis in jedem Fall miteinander teilen. Daher können wir folglich auch die Einsamkeit des anderen verstehen. Paulus konnte das leider nicht, weil es niemand anderen gab, mit dem er dies hätte teilen können, und auch niemanden, der es verstanden hätte. Er konnte es nur im Gebet und in der Meditation Christus vorlegen und ihn um die Kraft bitten, diese Einsamkeit auszuhalten.

Doch Paulus macht in all seinen Briefen und Schriften deutlich, wie lohnenswert dieser mühsame Weg ist – der Weg des geistigen Wachstums und folglich auch der Einsamkeit. Je weiter wir auf diesem Weg voranschreiten, desto intensiver beginnen wir zu erfahren, dass Christus in uns selbst zum Leben erwacht, in uns zu sprechen und uns zu wärmen beginnt. Und, so schreibt Paulus immer wieder mit anderen Worten, diese Erfahrung erzeugt eine intensive, eine unbeschreibliche Freude, weil man bis in alle Fasern des Körpers und der Seele spürt: „Das ist es, weshalb ich zur Erde gekommen bin. Das ist das große Lebensziel, das ich mir einst, bevor ich zur Erde gekommen bin, gesetzt habe. Dank dieser Erfahrung also – dank des Erwachens meines Höheren Selbst, meines inneren Christus – fühle ich mich mit allen geistigen Welten, mit all meinen lieben Verstorbenen, mit den Engeln und mit Gott verbunden. Eine höhere Erfüllung im Leben als diese Erfahrung gibt es nicht.“

Genau diese Erfahrung wünsche ich allen meinen Leserinnen und Lesern von ganzem Herzen.

Hans Stolp

Anmerkungen

1   Siehe Carolien Visser und Han Campagne in: *„Anders zijn, Sociaaltherapie in dienst van de samenleving"* („Anders sein, Sozialtherapie im Dienste der Gesellschaft"), Verlag Christofoor 1993, S. 44

2   Siehe Buch Daniel im Alten Testament, 8. Kapitel, in dem in Bildersprache von einem goldenen, silbernen, kupfernen und eisernen Zeitalter die Rede ist. Siehe außerdem mein Buch *„Esoterisch Bijbellezen I"* („Esoterisches Bibellesen I"), Verlag De Heraut.

3   Diese Erkenntnisse dringen insbesondere seit der Gründung der Theosophischen Gesellschaft im Jahr 1875 in New York und der Anthroposophischen Gesellschaft im Jahr 1912 in die Öffentlichkeit.

4   Das Wissen über diese vier Zeitalter wurde und wird vor allem in den Kreisen von Theosophen, Anthroposophen, Rosenkreuzern und anderen esoterischen Gruppierungen gehütet.

5   Das Schema 4 – 3 – 2 – 1 ist in der Indischen und esoterischen Tradition essenziell und regelmäßig wiederkehrend.

6   Bekannte Vertreter dieser Strömung waren John Robinson und Dorothee Sölle.

7   Die heutige Erde ist die vierte Inkarnation der Erde. In den vorangegangenen Inkarnationen entwickelte der Mensch nacheinander zunächst seinen physischen Körper und dann seinen Ätherleib und seinen Astralleib. Jetzt, auf der

heutigen Erde, muss der Mensch sein Ich entwickeln: das niedere und das höhere Ich.

8 Siehe die Forschungen, die im Auftrag der Stiftung „Landelijk Expertisecentrum Sterven" (Landesexpertisezentrum Sterben") durchgeführt wurden: www.landelijkexpertisecentrumsterven.nl.

9 Siehe den zweiten Brief des Petrus 3,8 in der Bibel, in dem zu lesen ist, dass beim Herrn (also in der geistigen Welt) ein Tag wie Tausend Jahre ist und Tausend Jahre wie ein Tag.

10 George G. Ritchie, „Terugkeer uit de dood" („Rückkehr von morgen"), Verlag Becht, 2. Auflage 1990, S. 43. Im Jahr 2002 wurde dieses Buch in den Niederlanden erneut herausgegeben, und zwar unter dem Titel „Een glimp van de hemel" („Ein kurzer Blick in den Himmel").

11 Dr. Melvin Morse, „Waar God woont" („Wo Gott wohnt"), Verlag Elmar 2001

12 Hans Stolp, „Dichterbij dan ooit, over verlichtende ervaringen" („Näher dran als je zuvor – über erhellende Erfahrungen"), Verlag Ten Have 1989

13 Siehe Joke Vrouenraets unter www.dichterbijdanooit.com

14 Pim van Lommel, „Eindeloos bewustzijn, een wetenschappelijke visie op de bijna-dood ervaring" („Endloses Bewusstsein – Neue wissenschaftliche Fakten zur Nahtoderfahrung"), Verlag Ten Have 2007.

15 Meiner Erfahrung nach sind die theologische und die medizinische Welt meist die letzten Fachgebiete, die sich für neue spirituelle Erkenntnisse öffnen. Das ist nur zu begreiflich, denn wenn diese Erkenntnisse wirklich ernst genommen werden würden, müssten sie zu einer Revolution in diesen Bereichen führen.

16 Siehe Hans Stolp, „De verborgen zin van dementie" („De-

*Wenn sich die Seele zurückzieht"), Verlag Ankh-Hermes 2015, Aquamarin Verlag, Grafing 2014

17 Eben Alexander, *"Na dit leven, Een neurochirurg over zijn reis naar het hiernamaals"* („*Nach diesem Leben. Ein Neurochirurg berichtet über seine Reise ins Jenseits"*), Verlag Bruna 2013

18 Siehe www.skepsis.nl/eindeloos-bewustzijn

19 Hans Stolp, *"Organspende – Übertragen Organe Bewusstsein?"*, Crotona Verlag, Amerang 2016

20 Findhorn ist eine spirituelle Gemeinschaft im gleichnamigen Dorf in Schottland und die Heimat von mehr als 400 Menschen. Die Gemeinschaft hat keine formelle Doktrin und keine feste Glaubensrichtung. Sie bietet eine bunte Palette an Workshops, Projekten und Veranstaltungen. Die Projekte haben zum Ziel, den Teilnehmern praktische Erfahrungen zu vermitteln, wie man spirituelle Werte im Alltagsleben umsetzen kann. Etwa 3.000 Teilnehmer aus der ganzen Welt nehmen jährlich an den Projekten teil.

21 H.C. Moolenburgh, *"ENGELEN als beschermers en als helpers der mensheid"* („*Engel als Beschützer und Helfer der Menschen"*), Verlag Ankh-Hermes 1983

22 Hans Stolp, *"Nu de engelen zijn teruggekeerd"* („*Die Engel sind zur Stelle"*), Verlag Ten Have 1991, Aquamarin Verlag, Grafing 2005

23 Dionysius Areopagita, *"De hemelse hierarchie"* („*Die Engel-Hierarchie"*), Verlag Nearchus 2015, Crotona Verlag, Amerang 2011

24 Siehe mein Buch *"Karma, reïncarnatie en christelijk geloof"* („*Karma, Reinkarnation und christlicher Glaube"*), Verlag Ten Have 1996, in dem ich diese Erkenntnisse näher beschreibe.

25 Die Essener bildeten zu Beginn unserer Kalenderzählung in Israel neben den Pharisäern und den Sadduzäern die dritte Strömung von Eingeweihten.

26 Die Beweisführung, dass Meister Jesus eine Inkarnation des großen Eingeweihten Zarathustra war, kann man ausführlich in meinem Buch nachlesen: *„Het geheim van de twee Jezuskinderen"* („Das Geheimnis der beiden Jesuskinder"), Verlag Ankh-Hermes 2010

27 Eine nähere Ausführung und Ausarbeitung dieses Themas siehe Kapitel 12

28 Siehe 1. Brief an die Thessaloniker 5, 23

29 Siehe weiter: Hans Stolp, *„Christus-verschijningen nu"* („Christus-Erscheinungen heute"), Verlag Hesperia 2016

30 Die Erde befindet sich heute in ihrer vierten Inkarnation: dieser Inkarnation gingen drei andere voraus, die folgende Namen tragen: alter Saturn, alte Sonne und alter Mond.

31 Dr. F. W. Zeylmans von Emmichoven (1893 – 1961) war Psychiater und Anthroposoph. Er war jahrelang Vorsitzender der niederländischen Anthroposophischen Vereinigung und hielt zahlreiche Vorträge. Außerdem schrieb er viele Bücher, die auch heute noch faszinierend und spannend sind. Das erwähnte Büchlein ist nur noch antiquarisch zu erhalten.

32 Die Bewusstseinsseele wird in der heutigen Kulturperiode entwickelt, die im Jahr 1413 nach Christus begann. Daher fällt der achtzigjährige Krieg oder der Befreiungskrieg der Niederlande in den Beginn dieser Periode.

33 Lesen Sie über Michael und die sieben Erzengel, die uns abwechselnd inspirieren, auch mein Buch: *„Leven met engelen"* („Mit Engeln leben"), Verlag Ankh-Hermes 2004, Aquamarin Verlag, Grafing 2007

34 Um es ganz deutlich zu sagen: Ich habe nichts gegen einen islamistischen oder jüdischen Feiertag. Es geht lediglich darum, dass die wahre Bedeutung des Pfingstfestes für unsere heutige Zeit offensichtlich nicht gesehen, erkannt und gespürt wird.

35 Ein schönes, leicht lesbares Buch zu diesem Thema ist: Michiel Rietveld, „*Wordt vervolgd, De logica van karma en reïncarnatie*" („*Wird verfolgt – die Logik von Karma und Reinkarnation*"), Verlag Cichorei 2013

36 Eine Erläuterung der Entwicklung unseres Gewissens findet sich bei: Rudolf Steiner, „Het geweten" („Das Gewissen"), Verlag Pentagon 2009

37 Die drei verschiedenen Seelenqualitäten werden auch als „Empfindungsseele", „Verstandesseele" und „Gemütsseele" bezeichnet.

38 Nehmen Sie diesen Fall ruhig etwas relativ: Es sind eher schematische Andeutungen für Prozesse, die ungefähr in dieser Zeit spielen. Doch bei dem einen verläuft die Entwicklung nun einmal schneller als beim anderen, und daher werden wir feststellen, dass der Geist bei jedem Einzelnen zu einem anderen Zeitpunkt im Leben aktiv wird.

39 „Schatten" ist der Fachbegriff, den C.G .Jung für unsere unterdrückten Schwächen, Enttäuschungen und Instinkte benutzt. Für die Aspekte, die in unserem Innern noch umgewandelt werden müssen.

40 Der Logos ist ein griechischer Begriff mit der Bedeutung „das Wort". Daher schreibt Johannes in seinem Evangelium (1, 1): „Im Anfang war das Wort."

41 Das Wort „inkarnieren", das „körperlich werden" bedeutet, ist faktisch falsch. Ein Erzengel hat gar keinen physischen Körper. Ich benutze dieses Wort jedoch, um gleichsam

bildhaft deutlich zu machen, wie Christus sich mit dem Erzengel der Sonne verbunden hat.

42 Nähere Ausführungen zu diesem Mysterium finden sich bei: Hans Stolp, *„Esoterisch Bijbellezen, Deel 1, Jezus van Nazareth"* („Esoterisches Bibellesen", Teil 1: Jesus von Nazareth"), Verlag De Heraut, 5. Auflage 2013

43 Näheres zu dieser Erfahrung finden Sie bei: Hans Stolp, *„Wat gebeurt er als je doodgaat?"* („Was geschieht, wenn wir sterben?"), Verlag Ankh-Hermes 2013, S. 35

44 Matthäus 25, 29

45 Galater 2, 20

46 Galater 1, 15

47 1. Brief an die Korinther 15, 8

48 2. Brief an die Korinther 12, 7

49 A.a.O.

Hans Stolp

Die ersten drei Tage im Jenseits
Was die Seele unmittelbar nach
dem Ablegen des Körpers durchlebt
Als Pfarrer und Sterbebegleiter hat der Autor an unzähligen Sterbebetten gesessen und den Menschen bei ihrem Übergang in eine höhere Welt geholfen.
Zum ersten Mal schildert er in diesem Werk seine tiefsten Eindrücke über das Geschehen in den heiligen Momente des Freiwerdens von aller Erdenschwere. Ein
einzigartiger „Reisebegleiter" für jene, die abreisen, und für diejenigen, die zurückbleiben müssen!
978-3-89427-657-7

Die Sterbestunde
Bewusstes Abschiednehmen
Die „Sterbestunde" ist eine heilige Stunde, die es achtsam und behutsam zu verbringen gilt. Es gibt Unerledigtes aufzuarbeiten, Streit zu beenden oder Verzeihung
zu gewähren. Hans Stolp beschreibt in allen Einzelheiten, wie diese Prozesse so heilsam und harmonisch wie möglich verlaufen können.
978-3-89427-933-2

Ende des 20. Jahrhunderts erregte in den USA ein Fall Aufsehen, in dem eine Herzpatientin nach der Einpflanzung eines Spenderherzens von merkwürdigen Bildsequenzen gequält wurde, die immer wieder vor ihren inneren Augen auftauchten. Es stellte sich heraus, dass es Szenen aus dem Leben des Organspenders waren, der gewaltsam ums Leben gekommen war. Aufgrund der Beschreibungen der Empfängerin des Spenderherzens konnten die Mörder des Spenders verhaftet werden!

Fälle wie diese legen die Annahme nahe, dass menschliche Organe auf irgendeine Weise eine Prägung erhalten, die bei ihrer Entnahme und Weiterverpflanzung offensichtlich erhalten

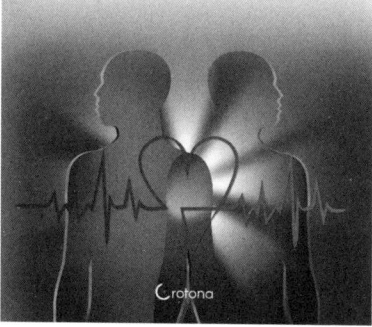

Hans Stolp

ORGAN SPENDE

Übertragen Organe Bewusstsein?

Crotona

bleibt und übertragen wird. Sollte diese Annahme zutreffen, ergeben sich zahlreiche schwerwiegende Fragen.

Hans Stolp stellt diese Fragen in seinem aufrüttelnden Buch und weist nach, dass das Thema „Organspende" in der gesellschaftlichen Diskussion um eine Dimension ergänzt werden muss.

Eine aufrüttelnde Streitschrift über eines der umstrittensten Themen der Gegenwart!

Hans Stolp
Organspende
Übertragen Organe Bewusstsein?
Klappenbroschur | 160 Seiten |
ISBN 978-3-86191-077-0
Crotona Verlag

Bleib, mein goldener Vogel
Ein sterbendes Kind erzählt

Hans Stolp hat in seinem Leben als Pfarrer viele Sterbende begleitet, darunter auch – und das waren stets besonders schwere Stunden – viele sterbende Kinder. In diesen existenziellen Erfahrungen des Menschlichen verschwimmen manchmal die Grenzen zwischen den Welten – und der Himmel kommt der irdischen Welt ganz nahe.

Aus einem dieser kostbaren Augenblicke heraus wurde die Erzählung des „Goldenen Vogels" geboren. Sie gibt ein Erleben wieder, als „hätte der Himmel die Erde still geküsst". Es ist eine Geschichte voller Mitgefühl, stiller Traurigkeit, banger Hoffnung und dankbarer Erlöstheit. Ein auf wundersame Weise anrührendes Buch, das man mit wundem Herzen und dennoch mit einem glücklichen Lächeln auf den Lippen aus den Händen legen wird!

ISBN: 978-3-86191-012-1

Demenz
Wenn sich die Seele zurückzieht

Hans Stolp widmet sich dem Umgang mit Demenz aus einer spirituellen Sicht, in der die Ganzheit von Körper, Seele und Geist beachtet wird. Auch wenn sich die Geistseele zwischenzeitlich aus ihrer körperlichen Hülle entfernt hat, bleibt das Individuum bis zum letzten Atemzug anwesend. Das seelische Wesen erlebt bewusst alles mit, was sich um seine irdische Hülle herum abspielt. Dieser Erkenntnis kommt für den Umgang mit der Demenz eine ganz entscheidende Rolle zu. War man bisher weitgehend davon ausgegangen, dass in den späten Stadien einer Demenz keinerlei Kontakt mit der betroffenen Person mehr aufrechterhalten werden kann, so zeigt Hans Stolp auf, dass auf einer inneren Ebene eine ununterbrochene Verbindung besteht.

ISBN: 978-3-89427-700-0

Die Seele lebt weiter

Was geschieht mit uns, wenn wir sterben? Gibt es ein Leben nach dem Tod? Und wie können uns Verstorbene vielleicht sogar begleiten?

In Die Seele lebt weiter gibt Hans Stolp faszinierende Einblicke in das, was uns jenseits der Schwelle erwartet.

Er beschreibt die ersten Erfahrungen nach dem Tod, die Reise der Seele durch verschiedene geistige Welten und die transformierende Kraft der Liebe, die über den Tod hinaus verbindet. Mit einfühlsamen Worten und berührenden Beispielen zeigt Hans Stolp, dass der Tod kein Ende ist, sondern der Beginn einer neuen Reise.

Dieses Buch bietet Orientierung und ein tieferes Verständnis für die großen Fragen des Lebens und des Sterbens und Trost und Hoffnung für die Hinterbliebenen.

ISBN: 978-3-89427-960-8

Ein Blick in die Zukunft

Hans Stolp gibt einen präzisen Einblick in die jeweiligen Zyklen, in denen sich die Menschheit bewegt und bewegen wird. Wir leben am Anfang des Michael-Zeitalters, in dem ein wachsender Kontakt mit der Geistigen Welt möglich ist. Um den Veränderungen in der Gegenwart und den neuen Qualitäten der Zukunft gewachsen zu sein, übermitteln die Erzengel den Menschen einzigartige Impulse. So ist

es möglich, den Veränderungen, die weiter vonstattengehen, mit einer neuen Bewusstheit zu begegnen.

Hans Stolp geht auch auf die Frage ein, ob man über die Zukunft überhaupt etwas aussagen kann und ob es wichtig ist, etwas über die Zukunft zu erfahren. Die Antwort auf beide Fragen lautet „ja".

Ein mutmachendes Buch, das zeigt:

Die Geistige Welt bietet der Menschheit zu allen Zeiten eine Hilfestellung.

ISBN: 978-3-89427-925-7

Der Weg ins Jenseits

Wann immer ein geliebter Mensch stirbt, ist dies für die Hinterbliebenen in den ersten Tagen ein furchtbarer Schock, wenn es unerwartet geschieht, oder ein großer Schmerz, wenn ein Partner oder Freund nach langer Krankheit seinen Körper verlässt. Hans Stolp schildert diese Situation mit großer Einfühlsamkeit und beschreibt die verschiedenen Phasen der Trauerarbeit. Mit Blick auf jene Menschen, die sich auf dem „Weg ins Jenseits" befinden, erklärt er den Trauernden, wie sie eine innere Verbindung zu ihren Lieben auf der „anderen Seite" aufbauen können. So kann es gelingen, mit den Weitergegangenen in Verbindung zu bleiben, bis einst eine Wiedervereinigung stattfinden wird. Ein wundervolles Trostbuch und ein überaus hilfreicher Begleiter in Sterbesituationen!
ISBN: 978-3-89427-665-2

Die erlösende Kraft des Verzeihens

Die größte Schwierigkeit, die auf dem geistigen Pfad vor den meisten Menschen liegt, ist die fehlende Bereitschaft, alte Verletzungen zu vergeben oder Menschen zu verzeihen, die einem einst geschadet haben. Es wird dabei weitgehend übersehen, dass derjenige, dem durch dieses Verhalten am meisten geschadet wird - man selbst ist! In seinem berührenden und aufrüttelnden Buch weist Hans Stolp Wege, um aus der Falle des Nicht-Verzeihen-Könnens herauszufinden. Wem es gelingt, sich alte Verletzungen oder Kränkungen wirklich bewusst zu machen und durch die Liebe zu verwandeln, wird eine neue innere Freiheit finden. Eine Freiheit, die dann eine außerordentliche Heilkraft entfaltet, um am Ende dieses Prozesses dem Leben einen neuen Menschen zu schenken. Ein wundervoller Wegbegleiter durch die Schwierigkeiten menschlicher Beziehungen und ein wahrer Führer ins LICHT.
ISBN: 978-3-89427-618-8